职场深度修炼

马恒春　著

电子工业出版社

Publishing House of Electronics Industry

北京·BEIJING

内 容 简 介

　　这是一本关于职场成长的书。作者马恒春女士曾长期在日本生活和工作，在本书中作者分享了自己在国际职场打拼二十余年，从普通员工成长为国际化企业高管的职场经验，希望能帮助更多的职场人士顺利成长。

　　全书由职场商务初级篇、职场商务中级篇、职场商务高级篇、职场商务管理篇、典型事例研究篇构成。书中讲解了如何打电话、交换名片、写邮件、拜访客户、主持会议、演讲、谈判等，这些都是现代职场人的日常工作。书中还讲解了时间管理、情绪管理、团队管理、风险管理等，这些都是现代职场人的日常管理技能。书中生动的职场故事和案例主要来自实际职业场景，能够给现代职场人的成长带来很多启发和帮助。

　　本书主要面向为职场做准备的大学生和职场新人、国际化企业特别是与日本企业密切相关的公司的员工，以及渴望了解国际职场和渴望在职场上快速提升的职场人。希望读者通过本书能够学习和了解海外职场文化、提升自我成长意识和职场专业技能。

图书在版编目（CIP）数据

职场深度修炼 / 马恒春著. —北京：电子工业出版社，2021.4
ISBN 978-7-121-40846-5

Ⅰ. ①职… Ⅱ. ①马… Ⅲ. ①职业选择—通俗读物Ⅳ. ①C913.2-49

中国版本图书馆 CIP 数据核字（2021）第 053167 号

责任编辑：张瑞喜
印　　刷：中国电影出版社印刷厂
装　　订：中国电影出版社印刷厂
出版发行：电子工业出版社
　　　　　北京市海淀区万寿路 173 信箱　邮编：100036
开　　本：710×1000　1/16　印张：15.5　字数：262 千字
版　　次：2021 年 4 月第 1 版
印　　次：2021 年 4 月第 1 次印刷
定　　价：49.80 元

认识差距，方能超越自我

中国人民大学商学院院长 毛基业

本书既是职场行为规范和修炼的实用指南，也是跨文化沟通与管理的教科书。作者马恒春女士根据自己在日本的工作和生活，以及在国际化企业工作多年的经历、细致观察和深度反思，不仅分享了如何与客户、同事和领导沟通与相处，而且传导了职场专业人士应有的态度和精神。我在 2020 年 3 月收到她的手稿，感觉很有价值，欣然同意作序。

很多人对日本产品的品质和人性化设计很有感受，很多去过日本的人也亲身体验过日本服务业的品质，但对提供这些产品和服务背后的组织流程、员工素质、专业精神和工作态度体会不一定很深；很多人听说过丰田生产方式、阿米巴自主经营模式和国际知名的知识管理理论等，但对日本企业文化和员工行为规范了解不一定深入。

事实上，优质的产品和服务不仅源于研发与流程管理，企业文化和员工行为也很重要，甚至是更高阶的因素，因为研发和流程都是由员工设计和实现的。因此可以说，如果没有追求精细和极致的企业文化和员工行为，就没有高品质的产品和服务。

他山之石，可以攻玉。我认为，与我们熟知的职场文化差异越大，值得借鉴的地方越多。即便本书所介绍的内容不一定完全适用于你所在的企业，但学习别人如何做到极致的精细，起码可以开启思路，了解不同的做事理念和方式。

全书可以用极致和精细两个词概括。书中既有行为规范，也有理念和心态层面的讲述。作者以女性的细致、敏锐和细腻，把自己在职场中的观察、经验与反思整理成大量成长秘诀和职场心得、生动的小故事和小贴士，易学易用。

首先，这是一本关于细节的职场行为实用指南，从接电话、换名片、发商务邮件、接待客户来访，到组织会议都有各种规则和注意事项，真是处处有规矩，事事皆学问。例如，接办公电话就有很多条"规则"，在接电话这件司空见惯的日常小事背后也有些一般人想象不到的细节需要注意。书中讲到的接电话的有些细节我在北美工作时也碰到过，大多数公司接电话的员工都是首先自报家门，如果是找其他同事而又不在现场，都会记录下来电人和联系方式，几乎是标准流程；回国后我也偶然观察到一位曾长期在日本工作的同事在办公室里和日方同事电话沟通时神情庄重、点头哈腰的动作，当时其他同事觉得好笑。但本书作者告诉我们，这些身体语言在日本很正常，代表了说话人的心态，是发自内心对他人的恭敬，体现了员工的专业精神和对公司形象的尊重。

书中有大量的例子，覆盖很多常人想不到的细节，例如带客户进出电梯时站立的位置、拜访客户前的各种准备，以及报告演讲前的准备等。这一切都是为保证给他人最大的尊重、最多的便利，保证最高的协作效率。对流程、规矩和行为准则的重视使得一切有章可循。

其次，书中的很多事例都有其背后的深层理念。常言道以小见大、见微知著。表象背后是追求极致客户体验的工匠精神和职业道德；更重要的是换位思考，麻烦自己方便他人，尤其是对自己重要的人。如此追求利他其实受益最大的是自己，正如"自私的最佳形式是无私"。比如，书中介绍的陪客户进出电梯间和进出会议室时的行为举止都有礼貌、得体的做法；还有很多接待客户、拜访客户时容易被忽略的细节，处理不当会让客户不爽，做到位了就会超越客户预期。我特别欣赏书中"接待客户无小事，多站在对方的立场考虑问题，多观察，勤学习，把真诚的态度、服务的理念，内化到细节，落实到行动，企业和团队才能具有更强的竞争力"这句话。

与西方文化相比，中日同属东方文化，文化传统相对接近，因此日本职场中的行为规范有可能更容易理解和接受。例如，东方文化中对资历和层级的敏感，会在客户接待和交流中有很多体现。另外，日本企业文化中特有的对细节的关注也恰好是有些中国企业比较缺乏的。只有认识到我们在这方面的差距，才能兼容并蓄。这一点在当前的经济转型时代——满足消费者对更高品质的需求的时代，尤其重要。

企业存在的目的是高效（低价）地提供其所能提供的高质量产品和服务，因此必须关注所有可以提升质量和用户体验的细节，永无止境。企业在流程和方法上需要持续改进，追求恰当甚至最优的方法。一切组织行为都有正确的方式和方法。为了提升品质和效率，所有员工必须自我约束，遵守流程和规范。而企业则必须注意培训员工。本书作者提到当年入职日本企业时曾接受过一周的职场行为培训，长期受用。没有培训，仅靠员工个人摸索和感悟，效率会低，效果也会良莠不齐，专业性和企业形象难以保障。从这个意义上说，本书在企业如何培养员工方面，对企业的管理者也非常有指导和借鉴价值。

本书不但能够使读者直接学到一些可以产生立竿见影效果的职场技能和方法，而且我相信如果读者能够感悟到其背后的理念、态度和精神，则一定还会帮助读者与自己的领导、同事和客户建立更顺畅的合作关系，实现更高的沟通效率，取得更好的工作业绩，促进自身的快速成长，甚至给身边的所有人带来惊喜。

毛基业

于中国人民大学明德商学楼

2020 年 5 月 31 日

序言2

成就卓越的职场修炼之道

福建星网锐捷通讯股份有限公司副董事长、总经理 阮加勇

本书作者是我大学时的同班同学，同窗7年，恒春同学给我的印象是聪明，做事认真，待人真诚。今天她已成长为一个出色的职业经理人，我觉得和她个人的努力和人格魅力是分不开的。

恒春同学毕业以后长期服务于日本优秀企业，对日本的职场有很深的了解。她写的《职场深度修炼》一书，非常全面，深入浅出，通过细致的讲解，将她二十多年来对日本企业文化中值得我们学习的方方面面，以及在国际化职场上的成长经验——不论是工作中精益求精、对微不足道的细节的执着追求，还是商务谈判、项目管理、风险管理的技巧和方法——悉数分享给了大家。

在国际化企业中，日本企业的工匠精神一直让我非常敬佩。工匠精神的核心是：工作者不仅仅是把工作当作赚钱的工具，而是树立一种对工作执着、对所做的事情和生产的产品精益求精、精雕细琢的精神。这本书我觉得值得职场人认真学习，它可以让不同阶段的职场人看到自己存在的不足，并且有很多有效的办法让自己得到很好的提升。

在这本书中，给我印象特别深刻的，是我们在职场上如何真正做到注重细节，精益求精。很多时候，确实是细节决定成败。在一切的事务中，我们只有注重其中的每一个细节，才可以走向完善，走向极致，走向成功。

老子说："天下难事必作于易，天下大事必作于细。"意思是：天下的难事，必定从容易的做起；做大事必须从小事开始。细节，就是每件大事背

后的小事，如果连小事都做不好，又怎样做大事呢？从很大程度上讲，细节，是一种精神，一种在生活和工作中实实在在、尽心敬业的精神！

在企业里，存在着三种不同类型的员工：平凡员工、优秀员工和卓越员工。卓越员工注重细节，精益求精，不找借口找方法，努力提升工作效率，具备较强的执行能力，能为企业提供好的建议，永远维护企业形象，与企业共命运。卓越员工是企业的真正核心竞争力。

如果你现在是一名企业新员工，想努力成为优秀员工，你可以从这本书中领悟到成为优秀员工的方法；如果你现在是一名优秀员工，你可以从这本书中领悟到成为卓越员工的理念和路径，只要你按照本书为你提供的理念和方法修炼，下一位成为卓越员工的人就是你！

成为一名卓越员工，无论你走到哪里，无论在什么时候，你都会成为更受企业欢迎的人，你的职业生涯必将前途光明。

阮加勇

2020 年 11 月 5 日

很高兴能有这样一本非常接地气的作品出版。与类似书籍多为教育工作者编著不同，本书作者是行业内的一流管理专家，具有丰富的行业实践经验，所讲内容来自她多年的项目管理、客户管理、组织管理实践。细节决定成败，书中很多内容也值得我学习。相信这本书的价值不仅仅局限于对日软件行业，不管你是职场新人还是老手，是普通员工还是管理者，都可以从中得到启发。

——六元素情报系统株式会社创始人、代表取缔役、社长　余平

本书的整体风格非常好，深入浅出，娓娓道来，自然流畅，可读性很强，书中典型事例令人印象深刻，很有趣味性，是一本非常好的职场书！

——AMT 咨询公司的合伙人，中国信息经济学会理事　陈鹏飞

本书内容主要以作者在日本公司和国际化企业工作经历为基础，穿插部分美国公司的工作经历，结合自身的思考和体会创作而成，其基本内容和阐述的道理完全可以适用于欧美公司和中国公司。去除文化背景的差异（需要因地制宜地灵活调整），其基本观点，尤其是个人的素质方面的培训、标准化、团队建设等，都具有广泛的通用性。

本书结构清晰，案例鲜活，深入浅出，阐述道理深刻，对名著和著名案例的引用恰到好处，极大地加强了内容的说服力和感染力。对于在跨国公司或是国际业务相关的企业，针对性和实用性极强。

——杭州万高科技股份有限公司 COO 兼销售副总裁　刘新

　　本书作者是一名优秀的职业经理人，本书是作者二十多年职场经验的总结和呈现。通过阅读可以感受到本书是作者的倾心之作，整本书的结构、内容都非常好。好东西一定要拿出来和大家分享，本书不仅对于刚刚入职的新手，而且对于一些职场成功人士也有非常大的帮助和启发。有幸读到它的读者定会获益良多，这是一本有价值的好书。

——中国信息通信研究院泰尔终端实验室、移动终端进网部主任
教授级高级工程师　　张翔

　　这本书总结了对日软件服务领域的方方面面，非常具体，也非常实用，对那些在一线工作的技术人员和管理人员有比较全面的指导作用。其实，不只是日本人和日系企业才注重这些细节，很多内容具有更加广泛的通用性，在国内的一般职场上也都基本适用。

——北京恒研科技有限公司创始人、董事长　　张晓平

目录

第一篇　职场商务初级篇

第二篇 职场商务中级篇

第三篇　职场商务高级篇

第四篇 职场商务管理篇

第五篇　典型事例研究篇

本书主要人物角色

李小冰　北京 ABC 公司　大客户经理（高层管理人员），曾留学日本

杨小穆　北京 ABC 公司　开发部长（中层管理人员），曾留学日本

刘小明　北京 ABC 公司　项目经理（基层管理人员）

程先生　北京大学毕业，美国纽约州立大学 MBA，某国际咨询公司管理咨询
　　　　高级顾问

书中的故事和案例出自作者二十多年的职场实践和经验总结。书中的公司和人物均为虚构，如有雷同纯属巧合，请勿对号入座。

本书配套音频资源简介

用微信扫描本书部分章节标题旁边的二维码，你可以听到马恒春老师特别录制的助力职场人成长的音频课程资源。

在音频节目中，马恒春老师将自己多年在国际职场修炼之经验娓娓道来。不论是对于个人实现职场提升，还是对于企业进行职场新人培训，这些音频资源都是不可多得的宝贵资料。

本套音频资源共 13 节，约 170 分钟，分别对应图书以下各章的内容：

第一篇 职场商务初级篇

走出校园，进入社会，步入职场，是人生中一个重要的转折点，标志着职业生涯的开始。

在本书中，我把刚刚离开校园准备进入职场，或者初入职场时间不长的年轻人统称为职场新人。

在这一篇里，我想和职场人，特别是职场新人们聊一聊职场的"基本动作"，如打电话、交换名片、发邮件、接待客户、自我管理，等等。

20多年前，我在日本刚刚入职一家 IT 公司的时候，公司的新人培训就包括这些内容；很多日本公司对新员工都有类似的培训。在本书中，我结合多年在日本工作，以及和日本客户合作的工作实践，总结了一些职场案例和经验。不少案例有一些日本特色，但是核心内容是具有普遍性的，广泛适用于一般的职场环境。

第1章

商务场合如何打电话

打电话是现代人日常工作生活的一部分，尤其是在手机如此普及的今天，职场人几乎每天都要打电话。在这一章里，我想和大家分享一下日本企业如何培训自己的员工打电话，以及和打电话有关的商务礼仪。

20 世纪 90 年代中期，我在日本东京一家软件企业工作。刚入职的时候，公司对我进行了为期一周的新员工入职培训，培训的内容主要是打电话、交换名片、接送客户等职场的基本动作和商务礼仪。公司安排了专人做培训，培训资料是视频录像，由专人给我讲解，还进行一对一的练习，我感觉很新奇。

当时我觉得，自己作为一个外国人，日语也就勉强应付工作，公司员工都是日本人，根本轮不到自己接电话、交换名片，更不用说接送客人了。但是多年以后，这些事情已经成为我日常工作的一部分，回头看时，我发现当初学到的很多职场行为规范和商务礼仪让我受益匪浅。

1.1 电话交流的基本事项

1. 记录原则

打电话前一定要准备好纸笔，以便随时可以做记录。如果我们习惯右手执笔，就要左手拿话筒；如果我们是"左撇子"，就反过来。

电话的方便之处在于即时性；但是，由于打电话是一对一的交流，如果出了差错，不容易发现和纠正，因此，打电话时一定要做记录。这一点，我是在日本学会的。

2. 铃响三声原则

铃响三声之内，尽量要把电话接起来；如果铃响三声之后才接起来，第一句话一定要说："让您久等了。"态度要真诚谦和，注意自己的声音形象。

我刚开始在日本工作的时候，手机尚未普及，在办公室里经常看到同事小跑着去接座机电话。接受了入职培训之后，我了解到这一行为背后的理念是不能让对方久等、要为他人着想，绝不是故作姿态。理解了这一点，让我对这种做法有一种由衷的敬意。

3. 自报家门原则

在商务场合，无论是接听电话，还是拨打电话，首先要先自报家门："我是北京 ABC 公司的刘小明，您好！"

不要像我们很多人习惯的那样，拿起电话先说："喂""喂"，这样接电话不符合商务礼仪。

4. 寒暄用语内外有别

接通电话，自报家门之后，要有一两句寒暄。

如果对方是自己公司的人，开场白是：

"您工作辛苦了……"

如果对方是客户或其他合作伙伴公司的人，则说：

"平日里承蒙您关照。"

"承蒙关照"是日语常用的表达方式，含有对客户的感谢之意。寒暄用语内外有别是日本文化特色。其他语言也会有细微区别。在职场上使用外语时，对这方面更要特别用心。

5. 通话记录时的 5W1H 原则

对方说话时要记住要点，最可靠的办法是一边听，一边复述，一边记录。记录时，要特别注意 5W1H 原则。

> ❝ **职场贴士**
>
> 5W1H 原则也就是我们在初学写作时老师常提到的六要素原则，以六个英文单词的首字母开头，即：
>
> 时间（When）、地点（Where）、人物（Who）、事件（What）、原因（Why）、结果（How）。 ❞

在职场上，无论是电话记录，还是会议记录；无论是写邮件，还是写报告，5W1H 原则都十分重要。

1.2　情况应对与再次确认

1. 没有听清楚怎么办

如果对方自报家门时自己没有听清楚，一定要问清楚，问的时候可以说：

"不好意思，麻烦您再重复一下，您公司的名字是……"

对方回答时要一边听，一边复述，一边记录，给对方和自己再次确认的机会。

2. 对方要找的人不能接电话时怎么说

如果对方要找的人不在，要简洁地告知，还可以问一下对方要不要留言。例如：

"杨小穆正在打电话……"

"刘小明正在开会……"

"如果您需要留言，我可以为您转达。"

如果对方有留言需要转达，要按照 5W1H 原则记录清楚，确保信息无误。

3. 询问对方的电话号码

如果对来电不能马上回复，例如客户提出的问题需要讨论、对方的要求需要向领导请示等，可以问对方的电话号码，在方便的时候给对方打过去，例如：

"请问您的电话号码，我们尽快给您打过去。"

4. 把重点信息再重复一遍

在电话接近尾声时，一定要根据自己手里的记录把电话交流的重点信息再重复一遍，这样做是为了不出差错。重复之前，可以先说一句：

"那么，我再重复一下要点。"

然后，按照 5W1H 原则把自己记录的要点再重复一下，这相当于再次确认。如果记录有误，这个时候还可以改正。

5. 电话结束用语

电话内容确认清楚之后，不要马上挂断电话，要确认一下是否就是这些内容，并对来电的对方表示感谢。挂电话时要等待对方先挂断，尤其是当对方是客户、上级或前辈时。

"就是以上这些内容，对吗？"

"感谢您的来电，今后还请您继续关照。"

"好的，明白了，那我就此失礼了（就是挂断电话的意思）。"

就算这么说了，也还是要让对方先挂断电话，这也是一种商务礼仪。

1.3　其他注意事项

1. 拨打手机的注意事项

如果是给客户打手机，除了上述注意事项，还有一点需要注意，那就是先问一下对方现在通话是否方便。这既是商务礼仪，也是一种为别人着想的态度。

2. 态度礼貌温和（声音可以传递微笑）

即使对方不在眼前，也要抱着尊敬的态度打电话。在日本时，我经常看到同事打电话时面带微笑，甚至点头哈腰。一开始觉得不理解，后来我明白了，这在他们看来很正常。说话的人如果心态是尊敬的，他的态度会通过身体语言表现出来。即使对方看不到他，他打电话时如果面带微笑，态度恭敬，那么对方听到的声音就会是礼貌的、温和的。

声音也是有表情的。

3. 不要轻易给身居要职的人打电话

在商务场合，直接给地位很高的人打电话可能是一种冒失的行为，最好通过秘书室、办公室或者相关部门预约或转达。因为身居要职的人工作繁忙，按照组织结构，一般员工没有机会直接和他们对话。在这里，身居要职的人可能指公司领导，也可能是部门领导，这要看企业的规模和工作的性质，没有绝对的标准。

4. 不要反驳客户

面对客户的时候，打电话一定要低姿态。如果业务上出了问题，客户有抱怨，即使觉得委屈，也不要直接反驳。要温和委婉，真诚对待。"客户就是上帝"，面对客户时采取低姿态，是日本商务文化的一部分。

5. 及时传达留言

如果代他人接电话，记录了对方的留言，一定要及时准确地把记录的内容写成邮件或者电子文档发给相关的人，最好抄送给打电话的人。这相当于书面确认，对当事人表达了一种尊重。如果条件允许，要在第一时间当面转达。

6. 不在公共场所大声打电话

在日本时，我很少听到有人在公共场所大声打电话。在地铁和公交车里，他们通常会把电话设置成静音模式，并开通手机电话的留言功能；等到了不打扰他人的地方，再接听或者拨打电话。这种公共场所的行为规范值得我们学习。

7. 不在公司打私人电话

二十多年前我在日本公司工作时，每个人桌上都有电话。那时手机尚未广泛普及，日本到处都是公共电话亭，员工如果有私事，即使花钱也要去公司外面的公共电话亭打电话，他们不会用公司的电话说私事。

公私分明，不在公司做私人的事情，是日本的职场文化，这一点不仅仅表现在打电话上。

职 场 上

如今我国快递业务非常普及，北京 ABC 公司的很多员工都把快递地址写到公司，上班时间员工去办公楼下拿快递是很普遍的事。有一次日本客户来访，见此情景，就问陪同的北京 ABC 公司的王部长：为什么你们的员工们都让快递员把私人的东西送到公司，而不是送到自己家里呢？

在日本人看来，员工不应该在工作时间、工作地点收私人物品的快递，这类物品快递应该送到家里才对。王部长解释说：中国和日本国情有所不同，在中国，很多家庭夫妻二人都要工作，早出晚归，白天家里没人接收快递，所以员工们只好让快递公司送货到公司了，公司也可以理解和接受这种情况。

培训心得

　　关于打电话，这么多年过去了，回想当初所受的入职培训，我仍然感觉受益匪浅。当时我的日语能力有限，如果不是像他们这样，把各种情况都列出来，逐句教我，我还真不敢用日语接电话、打电话。也许你看到这里会有一点抵触："不就是打个电话吗？怎么这么多规矩呀！"确实，我们许多公司在进行入职培训时，通过前辈做讲座、报告的方式进行的居多，我们当然也会要求新员工打电话要有礼貌，工作要认真仔细，但是一般都不会讲得这么具体。

·他山之石·

　　一位日本公司的高管告诉我："电话的声音就是公司的声音，公司员工如果不懂得打电话的规矩，损害的是公司形象；如果客户和这样的公司打交道，他们会觉得，一家公司如果连自己的员工都教不好，就不值得信赖，不能把自己的重要业务委托给这样的公司。"

　　如果对打电话这件小事的认识上升到这样的高度，我们就不难理解，为什么日本公司无论大小，都会在入职培训时，训练自己的新员工如何打电话了。他们是通过塑造员工的形象来树立公司的整体形象的。

　　日本企业在入职培训时的做法操作性强，易于学习，便于掌握。我想，也许我们的新员工培训也可以借鉴这种方式。

1.4 内容拓展：如何接受指示，如何报告情况

　　上下级之间的交流是非常普遍的。如何接受指示？如何汇报工作？在日本企业接受入职培训时，对此也有非常具体的指导和教育。基本的道理和电话交流时类似。

—— ·他山之石· ——

下级如何接受上级的指示：

- 一定要带纸笔，这样做是为了方便随时记录。

- 如果有没听懂的就记下来，不要中途插话提问。

- 记录原则：准确记录时间、地点、人物、事情、原因和结果，也就是我们说过的 5W1H 原则。

- 等对方说完，到了提问时间再提问；对方回答时，要边听边记录边重复。

- 都确认完毕后，按照自己的理解，用自己的语言复述一遍，这相当于口头确认。

- 如果是口头接受了指示，口头确认完毕后，建议整理好记录并发邮件给上级，这相当于书面确认。

下级如何向上级进行报告：

- 从结论开始报告，从坏消息开始报告。

- 优先报告实事，不要急于报告感想和意见。领导要求时再说。

- 报告原则：遵循 5W1H 原则。

- 最好是书面报告，用邮件还是文档，看具体情况。也可以写好文档，打印出来，做报告时给对方一份，自己拿着文档当面报告。

- 如果给客户报告，更需要有依据，用数据和实事说话，定量与定性相结合。

- 根据情况，必要时给出自己的判断和感想。

　　在我参加入职培训时，记得培训录像中有这样一个事例：领导让部下准备好会议资料，提前发给每个人。部下理解为群发邮件即可，但是领导的真正意图是让部下打印好资料，人手一份。

　　这个事例提醒职场新人，无论接受指示还是汇报情况，都要遵守 5W1H 原则，避免误解。这和打电话时记录及传达留言本质上是一样的。

1.5 成长的秘诀

本章的许多内容来自我在日本初入职场时接受的入职培训。中日两国文化不同，我们不需要所有的东西都照抄照搬、完全效仿，但是，他山之石可以攻玉。我们可以借鉴对方好的东西，为我所用，最终内化到我们的日常行动中去。

作为一个职场新人，如果你能够理解电话的声音代表着公司的声音，员工打电话时代表着公司的形象，以一种自觉的态度，认真对待打电话这样的小事，慢慢地，领导就会把更多的事情交给你，你在公司里一定会成长得更快。

─── **职 场 笔 记** ───

第 **2** 章

商务场合如何交换名片

在第 1 章里，我和大家分享了日本企业如何培训自己的员工打电话。在这一章里，我们再来看一看日本企业如何教自己的员工交换名片。也许你会说，我不需要直接和日本企业或者日本人打交道。我想，了解一下与陌生客户见面、交换名片等商务礼仪和行为规范，应该没有坏处。这里有一些细节也值得我们注意。

2.1 准备名片夹

对于商务人士来说，名片是必不可少的交流工具。在商务场合，交换名片是相互交往的第一步，注意交换名片时的商务礼仪，给对方留下良好的第一印象，对双方关系今后的发展至关重要。很多日本企业，无论规模大小，在新员工入职培训时，都有交换名片这个环节。

日本人认为名片代表了名片的主人，尊重名片等于尊重人格。用名片夹收纳名片，是体现这种尊重的直接手段。在商务交往的场合，他们会准备好一个专用的名片夹，自己的名片，要从名片夹里取出来；对方的名片，在交换名片并且寒暄交流后，要放入名片夹里去。用名片夹来收纳名片，既体现了对对方的尊重，也体现了对自己的尊重。商务名片夹不求昂贵，但求庄重大方，颜色得体，商务场合推荐深色，譬如黑色和棕色等。我们因为常年与日本企业打交道，也会准备好自己的名片夹。

职 场 上

刚刚提到，日本人认为尊重名片等于尊重人格，而有些中国员工往往缺乏这种认识。有一次，北京 ABC 公司的项目经理刘小明在业务交流会上接待日本客户。他接过客户的名片后，一边和客户说话，一边横着竖着，翻来覆去地摆弄着客户的名片。刘小明当时的动作是无意识的，毫无恶意。但是，日本客人则认为，随便摆弄他的名片，是对他的不尊重，心里十分不悦。这一小小的细节，对接下来双方的商务交流产生了不小的负面影响。后期交往中，刘小明花费了很多时间和努力才慢慢弥合了和客户的隔阂。

2.2 交换名片的细节

交换名片时，我们需要注意什么呢？

日本人一般习惯把名片夹放在西装上衣内侧的口袋里。交换名片时，从上衣口袋里取出名片夹，送出名片时，从名片夹取出自己的名片，用双手拿着名片的左上角和右上角，身体略微前倾，态度恭敬地把自己的名片呈送到对方面前。名片上文字的方向要顺着对方阅读的方向，送出名片时还要自报家门：

"我是××公司系统开发部的清水，初次见面，请多关照。"

接受名片时，日本人一般用双手接住对方送上来的名片，拿着名片的左下角和右下角，点头致意，态度恭敬地收下。收到名片后，一般不会立即放入自己的名片夹，而是看一下内容，认真听对方自报家门，有时还会轻声重复，再次确认。

收到名片时重复对方的名字，有助于加深印象，帮助记忆；当面说出对方的名字加以确认，也是对对方表达尊重的一种方式，有利于双方今后的进一步交流；如果对方的名字有生僻字或者自己不会读的字，就一定要当面向对方请教。

也许你会认为，只有在日本才有这么多繁文缛节，其他地方不会这么麻烦。这话有一定的道理。比如在北美地区，人们交换名片时通常不是用双手呈上，而是单手送出名片，有时候还热情握手，以示友好。我前往美国波士顿工作时，公司对我进行了为期两周的入职培训，内容都是技术和业务方面的，像在日本时公司进行入职培训所讲授的商务礼仪相关内容完全没有。

我曾经和美国公司的高层管理者交流过这个话题。这位美国高层管理者是公司的运营总监（COO），加拿大人，多伦多大学毕业，后来在波士顿工作。他说，他去过 56 个国家，感觉日本文化是最独特的。谈到见面的礼仪，还有如何用身体语言表达对人的尊重时，他说，看到日本人交换名片时一系列的做法，他感觉自己受到了尊重，并因此对日本文化产生一种敬意。

2.3　其他注意事项

1. 等级社会讲究顺序，对人称呼内外有别

日本是一个等级社会，交换名片时，他们会按照与会者在公司内部职位的高低排序，职位高的人排在前面，职位低的人排在后面，依次交换。我们和日本人一起开会的时候，也会遵从对方的习惯，按照与会者在公司内部职位的高低顺序排列，依次交换。

在日本的职场，对人的称呼是内外有别的。

称呼客户的人，要用对方在其公司的职务或者敬称来称呼，如：田中部长、田中先生。

如果在客户面前提到自己公司的人，则不用敬称，而是直接说名字：称"部长田中"或者"田中"。

当在场全员都是自己公司内部人员时，要使用敬称：如"田中部长"或者"田中先生"。

2. 开会时将名片按照座次排列在自己面前

如果对方与会者人数较多，开会时我们可以把收到的名片放在自己面前的桌子上，按照对方与会者的座位顺序依次排列，摆放整齐。这样摆放名片，便于我们称呼对方时参考。因为在商务交流的场合，日语不用第二人称。和人交谈时一定要知道对方的名字，才方便发言。

另外，我们做会议记录时也需要知道谁说了什么，名片按照对方座位顺序摆放，可以提醒我们，帮助我们加深记忆，避免出差错。如果交换名片时自己没有完全记住名片和对方与会者的对应关系，还可以看一眼身边公司同事的桌面，不动声色地调整和纠正自己的名片排列顺序。

3. 会议后要把名片妥善收入名片夹

商务会议结束后，我们要把桌上的名片妥善收入自己的名片夹，最好当着对方的面这样做。

妥善地把客户的名片收入名片夹，当面表达对客户的尊重，在商务交往中很有必要。

4. 名片需要及时标记整理

如果常年和客户打交道，迎来送往，接待的客户人数较多，或者我们不擅长记忆日本人的名字，那么，我们需要及时整理名片信息，在名片上或通讯簿里给自己留下一些记忆的线索。

我们可以记录会面的日期和地点、会面原因、对方有何特点等重要信息。及时找出对方最具代表性的个人特征记录下来很重要，如"瘦高/戴眼镜/说话快/肤色黝黑"等，这样做能帮助我们顺利地提取记忆信息，避免错误和尴尬。另外，日本有新年送贺卡的习俗，商务交往也不例外，所以及时收集整理好客户的名片，方便新年时给他们寄贺卡不疏漏。

5. 留下良好的第一印象

初次见面，适当注意商务礼仪和行为规范，有助于形成良好的第一印象，对双方今后关系的发展可以起到加分的作用。商务人士的西装和衬衫建议选择基本款（白色衬衫、深色西装），基本款适合各种场合。衬衫要每天更换，衣着应干净整洁。

如果我们和客户是初次见面，交换完名片，双方落座后，最好先从寒暄和杂谈开始交流。话题可以轻松一点，譬如，可以聊聊天气，问问对方路途是否顺利，是否第一次来中国；或者问问对方想喝点什么，喜欢凉的还是热的，给对方准备茶水或者咖啡之类。简短地寒暄和杂谈之后，再进入正题。正式会议之前的寒暄和杂谈有助于缓和紧张气氛，对进一步的交流起到铺垫作用，有破冰的功效。

6. 级别最低的员工也应该交换名片

商务场合交换名片时，所有与会者都不应该例外。在我们有些企业里，名片被当作是身份和级别的象征，领导一般都有名片，而普通员工通常没有，或者不在会议上与客户交换。绝大部分日本企业的做法不同，即使是新员工，在出席商务会议时也一样会拿出名片，礼貌地交换。这一点值得我们学习和改进。

7. 名片用完了怎么办

商务场合交换名片时，万一自己的名片用完了怎么办呢？我们还是要按照商务礼仪规范，恭敬地接受对方的名片，自我介绍，并礼貌地告诉对方自己的名片用完了，再见面时一定补上。如果是重要场合，会后可以给对方发一个寒暄的邮件。邮件签名就相当于是电子名片了。

职 场 上

有一次杨小穆访日，在预订日程之外，有一个客户的科长联络他，希望他给日本的管理平台开发团队做一些应用方面的交流，杨小穆欣然应允。走进会议室，杨小穆发现八九个人坐在那里等他，都是陌生人，还有一位是客户公司的部长。于是杨小穆按照常规，和他们一一打招呼，交换名片。寒暄问候完毕，杨小穆自然收到一摞名片。

和日本人面对面交流时，称呼对方时要用对方的姓氏加上敬称（san），如果不知道对方的姓氏，就不方便对话。因此，为了进一步确定自己没有搞错这八九个人的姓名，杨小穆想再给自己一点时间。于是杨小穆说："初次见面，我先做个自我介绍，然后请各位也做个一两分钟自我介绍吧。"在大家自我介绍的过程中，陌生的气氛热络起来了，杨小穆也通过他们的自我介绍，记住了他们的名字。

日方客户公司的部长也出席了会议，杨小穆觉得让部长做自我介绍有点失礼。这个部长杨小穆早有耳闻，于是杨小穆说："部长您就不用自我介绍了，您在我们公司很有名。"部长听了挺高兴。接下来一个小时的交流很顺利。

回国之后，杨小穆给部长写了邮件表达感谢，感谢部长百忙之中带领部下和他交流。部长回信让杨小穆下次访日时联络他，部长要请他吃饭。一个良好的业务联系就这样建立起来了。

在这个案例中，随机应变的部分是杨小穆拿到名片后请他们再次做自我介绍。因为交换名片时对方虽然简单介绍了自己是谁，但是在毫无准备的情况下，突然和八九个外国人一起开会，就算交换了名片，我们也很难记住所有人的名字，请每个人再做一两分钟的自我介绍，给了自己再次记忆的机会，而且活跃了会场气氛，会议的效果就完全不一样了。

关于交换名片的注意事项，我就和大家聊到这里。在商务交往中，服装干净整洁，礼仪规范到位，态度亲切和蔼，这些都有助于形成良好的第一印象，对今后的进一步交往起到促进作用。

第 **3** 章

如何写商务邮件

收发邮件是现代人日常工作生活中的重要组成部分，职场人士每天收发大量邮件是一种常态。邮件有几个明显的好处，譬如，对发信人来说，同一时间可以将同样的内容群发至多人，还可以送出附件。对收信人来说，可以在方便时阅读和回复。

那么，职场人收发商务邮件有什么注意事项呢？在这一章里，我和职场人聊一聊如何写商务邮件。

3.1 准备阶段

在职场上，发送邮件之前，要做好相关的准备。

1. 发信人/收信人的邮件地址要在自己的邮件通讯录中登记

如果给客户写信，一定要先把客户的邮件地址在自己的邮件通讯簿中做一个登记。

客户的邮件地址可以这样登记：

"日本 X 株式会社 第一营业部 大山部长"。

用职务称呼表示尊敬。

自己的邮件地址可以这样登记：

"北京 ABC 公司第一开发部长 杨小穆"。

双方的公司名称、所属部门、个人名字，都要事前登记好，一目了然，不易出错。

对方收到邮件时，看到自己的联络信息完整，也会明白你是花时间做了功课的。这样对建立信任关系有好处。

2. 要编辑好自己的邮件签名备用

在邮件模板中编辑好自己的签名信息，每次发送邮件都可以使用，可以方便收信人联系你。签名信息中，最好有姓名（汉字+拼音）、公司名、地址、邮编、电子邮件地址、电话等基本联系信息；如果工作需要，除了公司电话，还可以把手机号码也放进去。

3. 商务邮件要用公司邮箱，尽量不要用私人邮箱

商务邮件往来尽量不要用私人邮箱。我们是公司里的一员，在公司里有一个角色和相应的职责，商务邮件用公司的邮箱，表明这种交流是一种公司对公司的商业交流行为。另外，这里还有信息安全问题，由于使用个人邮箱处理公务导致的信息泄露事件在国际职场上并不罕见。偶尔遇到特殊情况，譬如，我们去日本出差，到了机场得知飞机要晚点两个小时，这时候可能需要用手机上的私人邮箱发一个信息给客户。

3.2 编辑阶段

在邮件的编辑阶段，有一些细节需要我们注意，具体内容如下。

1. 邮件标题要有足够的信息量

对于忙碌的商务人士来说，一天接到一两百封邮件不足为奇。对于写邮件的人来说，肯定不希望自己的邮件被淹没在这一两百封邮件里，怎么做才

能让自己的邮件不被忽略呢？还是有一点小技巧的。

我们写邮件时，首先要注意邮件的标题。好的邮件标题能够让人一目了然，看了题目就能猜到邮件要说什么事情。这样的邮件一般就不会被遗漏。接下来举几个邮件标题的例子来说明：

不好的例子：

"会议联络"。

好的例子：

"关于 4 月 2 日 16 点新员工入职培训的联络"。

日期和时间建议用阿拉伯数字，更加醒目。日期后边加上星期几，这样双方都不易出错。

邮件标题要控制在 20 个字以内。国内某大型门户网站曾经做过调查，点击率最高的文章，标题的平均字数为 17 个字。如果邮件的标题字数太少，有可能会因为信息量不够而被忽略；标题太长则无法突出重点。

如果是第一次给对方发邮件，可以在标题中写明自己的身份，这样不容易被忽略：

"北京 ABC 公司杨小穆：6 月 27 日交流会相关事宜"。

2. 要注意区别使用抄送和密抄送（即 CC 和 BCC）

工作邮件，经常需要抄送其他同事或相关人员，抄送和密抄送要区别使用。

如果对方发送邮件时抄送了相关人员，一般我们在回信时就要面向全员回信，一并抄送所有相关人员，除非有特殊情况。

如果是正常的工作邮件往来，对方来信时抄送的人我们回信时如果不抄送，是失礼的行为，最好注意避免。如果有特殊情况，需要和个别人单独交流，那么交流清楚之后，还是要抄送邮件名单里的所有相关人员。

职 场 上

北京 ABC 公司和某标准化研究所的人员有过邮件往来。开发部长杨小穆通过邮件和他们商量审核事宜，因为涉及报价、时间、审核方法等因素，杨小穆需要和同事一起判断商量一下对方是否合适。每次发送邮件时，杨小穆都会抄送给公司的相关同事。但是，对方每次回信，都只是回复给发信人杨小穆，杨小穆回信时，只好再次抄送公司的同事。这样交流了几个回合下来，给北京 ABC 公司的人留下了不太好的印象，后来加上其他一些因素的综合影响，最终，双方没能达成合作。

回复邮件时抄送全员的原则并不是绝对的，有时候则不需要回复全员。有一次,客户公司的部长给北京 ABC 公司杨小穆和他的同事发了联络邮件，但是部长忘了发附件。杨小穆收到邮件后就给部长个人回信，单独提醒了一下，他很快就给全员回信补发了附件。在这种情况下，提醒邮件自然不必抄送所有人。在实际工作中，可能还有很多其他情况，需要我们随机应变，灵活掌握。

3. 正文中的收件人信息（公司、部门、姓名）要写清楚

邮件开头要先打招呼，感谢平日里客户的关照，自报家门，并注意寒暄用语内外有别。

邮件开头可用 To：公司名+部门名+客户名+敬称来开始。如果是第一次发送邮件，要有自我介绍。开始正题之前，可以寒暄一下：

To：×××商事（公司）营业部 营业三课 山本课长

平日里承蒙您关照，我是 ABC 软件公司第一开发部长杨小穆。

上次访日，承蒙您关照，非常感谢！

或者：

我是北京 ABC 公司的杨小穆。初次给您发送邮件，敬请关照。

4. 注意长度：邮件整体长度和每行字数都要注意

邮件每行一般 30～35 个汉字，在方便的地方换行，格式不容易乱，每三四行为一个自然段比较合适，阅读者眼睛不累，而且不容易漏掉重要信息。

一封电子邮件不要写得太长，最好计算机一屏幕就可以全部显示，如果内容多一些，也最好控制在几十行以内为宜，大约是鼠标滚动一次的量。内容再多的话，就使用附件。一封邮件只说一件事为宜，如果有其他事宜，可以再写另一个邮件。

文字以简洁为佳，能用单词，就不用短语；能用短语，就不用句子。一般而言，长篇大论的邮件不受欢迎。因为处理时间长，可能被一时忽略。这些都是公司的日本员工教给我的，我感觉非常实用。

如果事情内容复杂，可以加上小标题，让要点一目了然。写邮件时同样要注意 5W1H 原则，按照这几个要素，把事情交代清楚。

例如：

平日里承蒙您关照，我是 ABC 公司的杨小穆。

中日双方部长将于近期召开×××会议，希望各位百忙之中，拨冗出席。会议详情如下：

会议主题：（What）

××项目部长级定期交流会。

会议目的：（Why）

每个月双方管理层定期意见交流，信息共享。

会议时间：（When）

2018 年 6 月 12 日　14:00—15:30

会议场所：（Where）

××××办公楼 18F 第一会议室

会议参加者（敬称略）（Who）

日方：田中、大山、尾崎、坂口

中方：赵、钱、孙、李

会议议事日程安排及会议资料（How）

议事日程安排：请参考附件（agenda）

会议资料：请参考附件（会议资料xxx）

百忙之中，敬请出席，感谢您的配合与支持！

如有问题，欢迎随时与杨小穆联络，邮箱地址和手机号码如下，非常感谢！

……

邮件结束前，不要忘记寒暄和感谢，要再次明确自己请求或者希望的事情是什么。

5. 明确希望答复时间

有时候，我们既希望对方充分思考，又不希望对方思考太长影响我们的时间进程，这时我们可以礼貌地明确希望回答的时间。这样，对方一般就会在我们希望的期限内给我们一个回复。万一对方没有回复，我们再去联络，也不会显得失礼。

3.3 发出之前再确认

商务邮件发出之前，需要仔细确认一下；如果是重要邮件，最好请上级或者同事帮忙一起确认。在这里我推荐以下检查单。

检查单

◆ 邮件标题是否得当、是否清晰明了，避免被淹没。

- 收件人有没有弄错，抄送和密抄送是否妥当。

- 邮件开始和结束的寒暄是否得当——寒暄是商务交流的润滑剂。

- 邮件内容、措辞是否恰当、有无错字。

- 自己的邮件签名有无问题，附件是否忘记，如果是重要信息，附件要加密。

- 用 5W1H 原则再次确认重要信息，如时间、地点、人物、事件、原因、结果等，确保无误。

以上内容都确认清楚了，邮件基本上就不会有什么大的偏差。有时为了确认收信效果，还可以抄送或密抄送给自己。

初看起来，邮件确认很麻烦，但是养成好习惯，时间长了，就不会觉得麻烦了。减少失误，可以帮助我们提高效率。

3.4　其他注意事项

1. 商务邮件反应速度一定要快

工作邮件需要迅速回复，最晚当日回复。该处理的事情要尽快处理，该安排的事情尽快安排。如果不能马上回复，需要确认或者调查研究的话，也要第一时间回复一下，告诉对方自己打算如何解决,什么时间能确切答复。当出现问题的时候，态度要真诚，要竭尽全力挽回损失。人无完人，工作中有些问题无法预测，我们需要用最大的诚意，让客户或者同事放心满意，这是长期合作的核心竞争力。

2. 回信时引用原文效果更佳

回信时，可以引用原文，逐一答复。这样做还可以让自己更好地审视对方需求，不容易遗漏。对方收到这样的回复，也会有一种安心感，很多时候，信任都是从这一点一滴的细节开始建立起来的。

3. 团队邮件的注意事项

大中型项目团队可能有几十人，甚至上百人。大家都在同一个邮件组里，每天几百封邮件飞来飞去是一种常态，很容易遗漏。为了让邮件不被忽略，项目组可以制定一些邮件规则，如邮件标题的命名规则。

以 IT 项目团队为例，一个项目团队可能有多个子系统、多个功能开发小组，每个项目小组有多个任务需要处理，则邮件标题可以命名为：

【系统 A】+【功能 1】+【处理 2】+【具体信息】

有了邮件标题命名规则，大家都遵循这些规则来收发邮件，就会大幅降低出错的概率。如果有必要，重要邮件还可以打电话确认一下。

在实际工作中，会出现各种情况，我们需要注意细节，避免问题的发生。

团队邮件常见的问题之一是收件人不明确，这容易导致重要信息延误。例如在项目团队的邮件组中，有人的邮件开头这样写：

"TO：相关各位，……"

由于"相关各位"的表述含糊不清，这样的邮件就很容易被忽略。

3.5 成长的秘诀

关于写邮件的细节，我就和大家分享到这里。职场新人初入职场，打电话、交换名片、写邮件都是小事，但是我们知道，千里之行，始于足下。我记得上学时背诵过《荀子·劝学》中的一段："不积跬步，无以至千里。不积小流，无以成江海。骐骥一跃，不能十步。驽马十驾，功在不舍。锲而舍之，朽木不折，锲而不舍，金石可镂。"在此与职场人共读，希望大家在工作中体会这段话的深意。

第 **4** 章

客户来访如何接待

客户来访是企业的常态。客户来到公司访问，公司的一切可以说是 360 度全方位地呈现在客户面前了。办公室给客户的第一印象十分重要。如果公司对员工的教育和培训不够，员工对海外的职场文化理解不够，当海外客户来访时就会出现这样那样的问题。

北京 ABC 公司是一家软件外包服务企业，公司常年服务日本企业，一年到头经常有各种各样的客户来访，海外客户大多是日本 IT 企业的工程技术人员或者是中高级管理人员。这里我们以接待日本客户为例，讲一讲客户来访应该如何接待。

4.1 干净整洁的办公环境

日本公司的办公室一般都是大开间，十几张桌子背靠背组成小岛，一个个小岛排列整齐，一目了然。通常领导的座位在里面，新员工的座位在外面，每人有一台计算机，主机一般放在桌子下面，桌面上有显示器，还有一些必要的办公用品。在一般的办公场所，大家都不会在桌面上摆放杂物。

美国人喜欢在办公室放一些家人的照片，或者放一些个性化的摆设和装饰，但是，在日本人的办公室里我们一般看不到这些。

一个日式的办公空间，如果空间足够大，一个办公区域坐一两百人也不足为奇。日本企业的办公室，讲究整理（Seiri）、整顿（Seiton）、清扫（Seisou）、清洁（Seiketsu），由于这四个日语单词都以 S 开头，所以也称办公室 4S。这几个词的含义有一定的重叠，主要讲的是办公室和个人区域不堆放杂物，注意整理，及时清扫，保持干净整洁。这里按照日本公司的习惯分别列出来。

1. 整理（Seiri）

不要在办公场所堆放杂物，有杂物要及时处理和废弃，因为杂物影响工作效率和工作氛围。如果有纸质资料需要废弃，就要及时用碎纸机处理掉。

2. 整顿（Seiton）

私人物品要注意收纳收藏，与工作有关的东西，尽量有序地规整好，需要时能方便地找到，与工作无关的东西不要放在表面。

3. 清扫（Seisou）

办公场所要每天清扫，如果不小心弄脏了，或者产生了垃圾，个人要及时清理，保持工作环境干净整齐，这对自己对同事都是一种尊重。

4. 清洁（Seiketsu）

办公场所的桌面、地面、台面要保持干净整洁。每个人保持自己座位周边干净整洁，有垃圾及时清理。公共区域要共同维护。

在日本，新员工入职时，办公室 4S 是入职培训的内容之一。整理、整顿、清扫、清洁，听起来简单，但是职场新人如果缺少相关的培训，一开始往往做不好。

职 场 上

　　二十年前，北京 ABC 公司的总经理经常带着日本客户来公司开发部的工作场地视察。考虑到员工们比较年轻，很多员工没去过日本，不懂日本的企业文化，所以，每当客户到访之前，杨小穆都会先给全员发一个内部的即时信息，200 多人的办公区立即就会出现一片小小的骚动，收拾桌面、扔垃圾、开关抽屉……持续 2～3 分钟就会趋于平静，这时候客户差不多也到了现场，办公场所呈现出一个比较整洁有序的状态。

　　后来，通过日常的培训和教育，大家逐渐习惯了每天进行整理，及时清扫，保持整洁干净的办公环境。再有客户来访，杨小穆就不用特意给大家发送提醒信息了。

4.2　会议室检查单

　　客户来访时，经常要在会议室开会。会议之前，需要确保会议场所可利用，会议所需相关设备和用品，都要提前准备好。如果是公司内部会议室，那么情况就相对简单了，只需要检查一下常规项目。

会议室检查单

- 投影仪/麦克风等设备是否能正常工作。
- 会议室白板是否干净。
- 白板用笔是否准备了至少三种颜色的笔。
- 室内桌椅配置和会议内容形式是否匹配得当。
- 会议资料是否按照参加人数准备齐全。
- 会议室座位安排是否符合商务礼仪规范。

♦ 如果需要开网络会议或者是电视会议，网络是否接续正常，需要事前确认好。

检查单的每一条看起来都平淡无奇，但是在实际工作中，我们并不是样样都能做得好。为了不犯低级错误，每次客户来访之前，我们都会仔细检查。

4.3 接待客户的第一窗口

日本公司的前台一般都设置在公司入口处很显眼的位置，有专职接待客人来访的人员，一般由女性担任这个窗口工作，她们代表着公司的形象。这个岗位看似简单，其实不然。因为，这个岗位是接待客户的第一站，接待人员的一言一行，一举一动，决定了公司给来访客户的第一印象。那么，公司的前台工作人员应该如何迎接客户呢？

首先，在这个岗位上，员工要穿戴整齐，精神饱满，端坐前台。手里有工作也可以做，但是要保持一定的警觉。如果有客户来访，要放下手里的事情，在第一时间恭敬礼貌、面带微笑地迎接客户。

有客户来访，说"欢迎光临"时身体语言也要表示恭敬，身体略微前倾，点头致意。然后要态度恭敬地主动询问：

"您有什么事情？"

"您找哪一位？"

如果客户送上名片，要按照交换名片的礼仪双手接过名片并重复：

"您是××公司的××先生。"

这个细节既是打招呼，也是为了再次确认。

如果客户没有送上名片，要恭敬礼貌地轻声询问：

"失礼了，请问您是哪位？"

与客人交流时，一边听，一边做记录，一边重复。这和打电话时类似，属于当面再次确认，确认无误后，就告诉客人：

"我马上转接××部××科的××，请您稍候。"

有涉外业务的公司，要让员工了解客户所在国家的文化，从着装到礼仪符合国际规范。北京 ABC 公司成立之初，偶尔还会有前台工作人员穿着露肩的吊带裙、破洞的牛仔裤、超短裙来上班。后来，通过组织员工参加职场教育和培训，公司前台从服饰到礼仪都更加规范了。

4.4　接待客户的第二窗口

如果没有专门的接待人员，那么距离门口最近的人，或是最先注意到有客人来访的人，都应该以和前台工作人员同样的方式来迎接客人，千万不要让来访客人久等，一定要及时迅速地做出适当的反应。

如果看到有人在门口张望，要主动上前询问。

在楼道、电梯间，或者在上下楼梯的时候，要遵守迎送客人的基本礼仪和行为规范，看到领导带着客人出入电梯，要主动避让，优先客户及其随行人员；不要大声喧哗，必要时行注目礼，点头致意。等客户通过之后，再继续自己的事情。如果给客户端茶递水，一定要用双手送上，表达敬意。

4.5　如何为客户引路（楼道/电梯/会议室）

接待客户来访还包括在楼道、电梯和会议室如何为客户引路。

1. 在楼道

通过楼道（走廊）时，走在客人左侧 2～3 步的斜前方的位置。要注意自己走路的速度，配合客人的步伐，给客人带路。

2. 出入电梯

乘坐电梯时，自己先进入电梯并站立在操作按钮前，一边按住开门按钮保持电梯门打开，一边引导客人进入电梯。出电梯时，同样一边按住开门按钮，一边请客人先出电梯。这里有一点需要了解：在电梯内靠近操作按钮处是"下座"，所以，我们带客人时，自己要站在操作按钮前；电梯内远离操作按钮，又方便出入的位置是"上座"，我们要请客人站在这样的位置。

3. 进入会议室

门朝内开（推门）时，自己先进入，扶好门后再请客人进入；门朝外开（拉门）时，扶好门请客人先进入，之后自己再进入。

客户接待的这些细节看起来简单，如果对员工的培训和教育跟不上，还是会有很多不妥之处，特别是基层技术和管理人员在这些方面容易疏忽。

职 场 上

日本X株式会社的一行五六人到北京ABC公司开发现场访问，北京ABC公司开发部长杨小穆和项目经理刘小明一起带日本客人外出吃饭，开发部长杨小穆和客人走在后边，开发部项目经理刘小明带客人走在前面，在经过两个办公大楼之间的廊道时，刘小明率先推门而出，却没有给客户留门，结果客户走过来时，门还处于自由震荡状态，客户只好自己推门，紧接着过第二道门，刚才的情景又一次重演。开发部长杨小穆内心尴尬，连忙快步走到客人前面引路，避免同样的情况再次发生。项目经理刘小明的举动虽然无心，但还是很失礼的。后来，北京ABC公司加强了相关培训，基层接待工作有了很大的改善。

4.6　员工着装注意事项

聊完了如何为客户引路，接下来聊一聊职场着装。职场人在工作场合应该穿戴整齐，彬彬有礼。企业对着装和礼仪的规范，目的是通过打造良好的员工形象来树立企业形象。很多日本企业的入职培训不仅有服装服饰、行为举止的规范，就连鞠躬角度都有细致讲解。当然，这和他们的文化习惯密切相关。

·他山之石·

一家日本企业的职场服装服饰建议：

女士尽量穿正装，或者有正装意味的休闲式服装，以下细节需要留意：

- 女士不穿无袖或者吊带裙子和上衣。
- 女士不穿超短裤，或者超短裙，不涂抹艳丽的指甲油。
- 女士如果佩戴项链、戒指、耳钉和耳环之类，尽量选择含蓄安静的，不选夸张的、叮当作响的。
- 如果女士喜欢用一点香水也可以，但不要选择太浓烈的。
- 女士不穿太夸张或者走路太响的高跟鞋。
- 女士如果化妆，以自然的淡妆为宜，不浓妆艳抹。
- 发色以自然本色、含蓄的深茶色为宜。

男士尽量穿正装，或者有正装意味的休闲式服装，以下细节需要留意：

- 男士夏天不穿无领或者无袖 T 恤衫。
- 男士夏天不穿短裤上班。
- 拜访客户，尽量穿单色基本款西装。
- 男士夏天不光脚穿凉鞋。
- 头发保持清洁，指甲不要太长。
- 夏天也最好穿衬衫，可以不打领带。
- 衬衫可以选白色、淡蓝色等传统的基本款，可以带条纹或者格子。

在日本，人们在工作场合的着装比较保守，如果和他们一起工作，还是入乡随俗，更容易快速融入。

离开日本后，我去美国工作，我发现美国公司不太在意这些细节，IT 公司的工程师经常穿着 T 恤衫和牛仔裤就来上班了。我们到了这样的环境，如果平时还是西装革履，就会显得与众不同。着装也应适当调整。

不久前公司有一位年轻员工要去日本出差，他专门来问我带什么衣服去日本出差合适。我觉得这名年轻员工是个有心人。

4.7　职场接待

职场接待看起来似乎不是大事，但是，所有的细节都会影响到客户对我们的印象和判断，都是公司整体印象管理的一部分。下面这几个职场接待的小故事，可能会给大家一些启发。

职 场 上

某日，北京 ABC 公司举行重要的仪式性庆典大会，日方合作伙伴公司的执行董事和部分代表，以及北京 ABC 公司的领导和全体员工一起出席。会场富丽堂皇，会议准备周全，每桌 10 人，所有的餐桌都铺着象征喜庆的红色桌布，配上白色餐巾，整齐有序。但是，在中方的董事长和日方的执行董事还没有发表祝酒词的情况下，北京 ABC 公司好几桌的员工就很随意地开始吃喝了。北京 ABC 公司的总经理看着自己这些员工的行为，觉得这事让他在客户面前很尴尬，心里很不高兴。总经理曾经在日本工作生活多年，身居高位的他根本不会想到会发生这种事情。

这件事管理者也很难责怪员工，员工来自五湖四海，成长经历各不相同，有的人确实不知道要等到双方高层领导发表完祝酒词之后，才能开始用餐。这件事也提醒我们，重要活动的每个细节都需要认真准备，提前周知，才能不出差错。当然，如果年轻员工进入职场后能够主动对这些基本的商务礼仪有所了解，就可以避免此类初级错误。

职 场 上

　　由于业务关系紧密，日本某公司的中高级管理人员经常来北京 ABC 公司访问。炎热的夏天，日本客户来到会议室，北京 ABC 公司的项目经理刘小明带着项目组代表到会议室给客户汇报项目进展。刘小明既没有和客户寒暄，也没有招呼客户喝水，待客户落座以后，就严肃认真地说："好，现在开始汇报项目情况……"他全程和客户只谈工作，没有什么表情，会议气氛比较紧张冷清。好在项目本身还算顺利。

　　到了晚上，北京 ABC 公司大客户经理李小冰请日本客户和开发部代表一起聚餐，李小冰敏感地察觉到双方的陌生感。他老练地和大家寒暄，闲谈中日新闻、行业动向和生活日常。有了工作之外的杂谈，气氛很快就热络起来了。

客户也是人，见面只谈工作、做汇报，未免太生硬，缺少一点人情的温度。做技术出身的人，在职场上尤其要注意这方面的改进。

职 场 上

　　在工作中，杨小穆从一位日籍员工身上学到了很多东西。有一次，公司有重要的日本客户来访，杨小穆安排这名日籍员工会后带日本客人去颐和园观光。这名日籍员工在中国已经工作了 6~7 年，中文差不多和母语一样好。接到接待任务，她利用周末休息时间自己特意先去颐和园转了一圈。她说，这样做一是为了准确把握游览时间，二是为了实地看看什么内容可以给客户介绍，回来好提前上网查好相关的信息，做好充分的准备。

　　客人对她的精心准备和安排非常满意。她如此认真敬业，给杨小穆留下了非常深刻的印象。

接待客户无小事。多站在对方的立场考虑问题，多观察，勤学习，把真诚的态度、服务的理念，内化到细节，落实到行动，企业和团队才能具有更强的竞争力。

职 场 笔 记

第5章

职场人士的自我管理

职场新人在角色转换的过程中可能需要面对很多的挑战和变化，其中最大的变化，莫过于个人与社会的关系发生了本质的变化。当我们进入职场，就需要有一个社会人的基本觉悟；作为职场人，就需要注意加强自我管理。我们先看一些来自职场的小故事，看一看自我管理都包含哪些内容，职场人应该如何做好自我管理。

5.1 从职场小事看职场人士的自我管理

一个日本同事和我聊天时说，很多关系的本质，都可以归结为给予和索取的关系。学生时代，学生基本上是"索取"的一方，主要任务是学习，其他事情，有父母、老师和学校来关照。学生毕业后进入职场，成为社会人，奉献自己的时间和劳动，为组织做出自己的贡献，直接或者间接地服务社会，创造价值，成为"给予"的一方。作为回报，社会人获得薪酬，以此维持劳动力再生产，满足个人及家庭的生活所需。这时候，很多事情"没人管"，就需要自我管理了。

职 场 上

　　北京 ABC 公司有一名年轻员工小李被派去日本出差，计划为期两个半月，后因工作需要，日本客户希望他能再延长两周。一般赴日工作短期签证有效期是 90 天，北京 ABC 公司内部商议后觉得没有问题，就答应了客户的请求。工作结束后，小李在东京的机场被禁止出境，原因竟然是签证过期。原来他改签机票时没有仔细查看签证，想当然地以为离境这一天是签证最后一天，但是实际已经超过了一天，无意中造成了非法滞留的事实，后经过公司出面协调，一番周折后才解决了问题。

✕ ✕ ✕ ✕ ✕

　　北京 ABC 公司的开发部长小刘准备去东京出差，事前安排好了和客户的各种会议和活动，结果他的行程在机场就被阻止了，原因居然是护照过期。他只好通知所有相关客户，取消全部预订。作为一名开发部长去日本出差，打交道的对方客户基本上是日方公司的部长，至少是科长级别的人。和客户定好了日程，却因为护照过期而取消，不仅影响了工作，也影响了个人和公司的形象。

　　无论是旅游还是工作，出国前本人都应该确认护照及签证的有效期。公司安排员工出国出差，并不会帮员工检查护照和签证，这是需要自我管理的事情。在这两个小故事里，员工没有把握好自己的护照和签证情况，给自己和公司带来了麻烦。这就是自我管理没有到位的小事例。

5.2　在无人监管之时不能放松自我管理

　　北京 ABC 公司从事对日软件外包行业的项目开发，每年会派很多员工去日本出差。具体到个人，每次员工的访日时间短则三五天，长则两三个月。员工去日本出差工作，是企业的常态。我们来看几个发生在出差员工身上的小故事。

职 场 上

北京 ABC 公司有一个年轻员工小梁被派去日本出差，才过去一周，客户就给了北京 ABC 公司的开发部长一个不好的反馈。客户说，出差员工小梁在一周的工作时间内，浏览了与工作无关的网站 40 余个，而且，每天还给特定邮箱发 20～30 个邮件。事后经过核实得知，那个特定邮箱是他女友的。这些情况被客户的网络监控发现，客户认为北京 ABC 公司的这名员工缺乏一个职场人士应有的觉悟。

像北京 ABC 公司这样的与日方合作的开发项目，员工去日本出差的费用一般由日方客户承担，去日本出差理应专注工作。作为一个职场人士，拿着公司的工资和出差补助，用着客户的场地和资源，做工作之外的事情，被日方公司检查出来，不仅影响个人的信誉，也损害了公司的形象，造成了非常不好的影响。

职 场 上

北京 ABC 公司有一名员工小谢被派去日本出差，按照常规，日方公司为他安排了短租公寓。工作结束后，小谢返回北京。不久日本相关人员发来邮件，发来了短租公寓的室内照片：易拉罐、啤酒瓶、食品包装随地扔，可以说是一片狼藉。就算个人卫生习惯不好，离开之前，至少也应该收拾一下吧！这样的反馈对公司表达的是一种不满，对个人表达的是一种否定。这件事给日方公司留下的印象是十分负面的。

在国际交往日益频繁的今天，我们每个人都需要有基本的觉悟，我们在国外不仅代表自己，也代表中国人；职场人在国外出差，还代表了自己所在的中国的企业。所以，在海外，在缺乏监管的地方，一定要注意做好自我管理，不给中国人脸上抹黑，不给自己的企业添麻烦。

5.3　跨文化职场更需加强自我管理

在跨文化职场中，文化差异无处不在。有些事在我们许多中国人看来可能是小事，但是在日本人看来可能就比较严重。

职 场 上

北京 ABC 公司有一个员工小崔被派去日本客户现场出差。一天中午，他去客户的会议室午睡，还把门从里面锁上了。下午客户开会需要用会议室，只好敲门叫醒他。事后客户对北京 ABC 公司的相关负责人表达了不满。

这名员工是一名优秀的 IT 技术人员，他的工作能力受到中日双方团队的好评。但是，他在客户的会议室午睡还锁门，给客户留下了不好的印象，给公司和他个人带来了负面影响。不能不说有点遗憾。

在跨文化职场环境中，我们在学习语言的同时，还要学习和了解对方的文化和习俗，注意细节，少犯或者不犯这样的错误。

5.4　坚守职责是最高级的自我管理

我们在工作中要认真负责，这是理所当然的。一个人的职业生涯可能有几十年，一直保持认真负责的状态也许并不容易，但是，我们还是要对自己有所要求。在职场上，疏忽大意，可能给别人带来麻烦，造成困扰，还可能给工作造成损失。可以说，坚守职责是最高级的自我管理。

职场上

北京 ABC 公司里有一名硬件工程师小陈为客户修复了一个硬件处理模块，需要送到客户公司，当面给客户安装和演示。北京 ABC 公司的开发部长杨小穆和小陈一起去拜访客户，结果到了现场才发现，硬件工程师小陈把修理好的硬件模块忘在了办公室。开发部长杨小穆只好让他回公司去取，往返需要两个多小时，弄得客户不悦，小陈自己和部长杨小穆都很尴尬。

如果站在部长杨小穆的角度想一想，可能会觉得自责尴尬；如果站在客户角度看问题，恐怕不会放心再把事情交给像小陈这样的员工。其实，职场无小事，在工作中一定要做一个靠谱的人。

5.5　外因通过内因才能起作用

日本企业有一种文化，这种文化要求组织遇到问题要深入追究，要透过现象看本质，深挖问题背后的根本原因。他们认为，个人的偶然错误或许是难免的，但是如果偶然的错误最终给组织带来影响和损失，那么组织自身一定是有缺陷有责任的。因为组织存在的目的，本来是要克服和超越个人的局限，如果组织没有做到防患于未然，那一定是哪里出了问题，有工作没有做到位。所以必须深挖问题根源，找出症结所在。

这两年，我们在网上看到过这种情况，有些事件发生后，相关责任方会解释说，那是临时工干的，临时工已经被辞退了，等等。这样的解释其实是行不通的。为什么呢？因为，临时工也是公司的员工，也是需要经过公司的培训，才可以上岗。既然上岗了，就有义务有责任对工作负责，这和他是不是临时工无关。如果临时工给企业造成了很大的损失，那只能说明企业自身的管理有疏漏。

本章列举了北京 ABC 公司几个出差员工出现各种问题的情况，从现象上看，出问题的是员工个人；从本质上讲，公司作为组织，是有关联责任的。后来，公司根据员工出差遇到的各种问题，做出日本出差相关的教育培训资料，将各种过往事件、注意事项都纳入其中，力求避免员工再犯类似错误。这些培训资料，日后逐渐成为公司的知识资产，员工在这些方面的行为举止也有了很大改进。

教育培训是公司的一种预防手段，是外因，外因必须通过内因才能起作用。内因则是员工个人自我管理的基本觉悟。职场人士的自我管理，体现在方方面面，点点滴滴，自我管理的内容和细节体现了一个人的修养和价值观。如果你是职场新人，在工作中要认真负责，多为组织做贡献，少给他人添麻烦，这些都是对职场人士最基本的要求。无论有无他人监管，职场人士都需要有自我管理的基本觉悟和基本能力。

第 **6** 章

职场面试

当今社会，对于大多数普通人而言，职业生涯一般都有几十年。无论是受雇于组织，在组织的体制里工作，还是从既有的组织里独立出来，开启属于自己的新事业，人作为社会性动物，自然少不了与他人产生各种交集，需要和他人建立各种联系。每一次和他人初相识，其实都是一次面试，表现形式不同而已。有些时候，是我们面试别人；有些时候，是别人面试我们；还有些时候，面试是双向的。

面试是人际交流的一种特殊方式，特殊在哪里呢？我想可以归纳为以下三点：

- 首先，面试是一种短时间的和陌生人的交流。
- 其次，面试需要在有限的时间里，恰如其分地展示自己，适当地了解对方。
- 最后，我们需要了解一点与面试相关的心理学小常识。

6.1　面试是一种短时间和陌生人的交流

职场面试一般需要受试者在限定的时间里，用有限的篇幅比较准确地介绍自己，从而赢得机会。对于很多人而言，面试都不是一件容易的事，那么，面试到底难在哪里呢？

职 场 上

某日资企业北京分公司每年年末会有一年一度的升级面试，其中重点人员的升级面试由东京总部的资深专业人士组成的面试小组实施。同时，北京分公司会有几名代表一起参加这样的升级面试。

经过逐级推荐，层层选拔，每年能够接受总部面试小组专家面试的北京员工只有 10 名左右，他们要么是优秀的系统工程师，要么是优秀的项目经理，都是中方团队中的佼佼者。但是，就是这样一个优秀的群体，面试时的表现也有不尽人意之处。

有一次，日方面试官问了系统工程师小林这样一个问题："你带几个部下？"小林回答："两人"。回答就此简单地结束了。

这个回答是否充分呢？对方为什么会问这个问题呢？面试是一种在短时间内和陌生人的交流，要想让面试官在有限的时间内了解你，你就要理解他问题的意图，给他了解你的机会。小林是个技术型选手，项目组里有什么难题，一般就会交给他，作为攻克难关的选手，他不需要带太多部下，他需要少数精锐的技术精英和他一起挑战难题，为项目组扫清道路。他只是简单地回答两人，这固然是事实，但是没有展示出自己的特色，这个回答就显得比较单薄。面试者无法从这个回答中看出他的特殊价值，最后的面试结果就有点遗憾。

这个案例中小林应对升级面试的不足之处表现在以下方面：

- 对自己的工作意义认识不够深入。
- 个性展示不够充分。
- 和面试官交流的精度掌握不够恰当。
- 对问题背后的含义把握不够准确。

反思我们受过的教育和成长经历，也许会发现问题的起因。在我们的成长过程中，常常是反省失败有余，肯定成功不足；自我批评有余，自我肯定不足；凡事做得好了，就被认为是理所当然；做得不够好，就要深刻反省检讨。我们作为在这样的文化环境下成长起来的个体，在自我认知的过程中，容易过多关注自己的缺点和不足，忽略自身的优势和长处。在自我展示的时候，缺乏应有的自信，有时候可能呈现不出和自己的实力及业绩相匹配的状态。

在教育培训市场上，有各种各样的教育和培训课程，培训讲师经常会说到"三个石匠"的寓言来帮助学员理解什么是目标，什么是目标管理。这个寓言的内容是这样的：

有一个人经过一个建筑工地，问那里的石匠们在干什么，三个石匠有三个不同的回答。

第一个石匠说："我在干活儿赚钱养家。"

第二个石匠说："我在做最棒的石匠活儿。"

第三个石匠说："我在建造一座教堂。"

我们会发现，第一个石匠没有什么职业理想，在职场中，这种人缺乏自我启发的觉悟和自我发展的动力。第二个石匠的自我期望值较高，在团队中，这种人可能是专家，但是他站得不够高，视野不够开阔。第三个石匠的目标才真正与团队目标高度吻合，他的自我启发意愿和自我发展行为会与组织的目标形成和谐的合力。

在面试的时候，如果我们的员工可以呈现出第三个石匠的状态，很多问题就迎刃而解了。要达到这种高度，需要日积月累，深度修炼。

6.2　面试的人如何展示自己

职场上

我的高中同学宁宁已经在日本东京工作生活近 30 年，事业有成，家庭幸福。我感觉她的日语能力一直很强。后来和她聊天得知，早年初到日本时，她的日语能力也很有限，但是她很清楚自己的长处，知道应该如何展示自己，在找工作时，她会非常明确地表达自己的求职愿望。她给我分享了两件事。

日本求职面试都有常规格式的履历书，求职者一般都是按照通用格式提供电子文档。宁宁写一手非常漂亮的汉字，她提交的履历书不是电子文档的印刷版，而是在日本履历书的模板上，手写了自己的履历。用人单位看到这么漂亮的手写履历书，首先就对她有了良好的第一印象。

按照日本文化，大家一般都认为丈夫应该赚钱养家，妻子不用外出工作，在家相夫教子就是妻子的工作。宁宁面试时，却告诉日本人，自己的丈夫正在东京某大学攻读硕士学位，为了支持他的学业，自己希望出来工作，让他安心学习，让家庭有稳定的收入。

日本人很惊讶，简直是肃然起敬，他们觉得这位中国女性非常了不起，最终，宁宁顺利通过面试，赢得了宝贵的工作机会。

日后，宁宁也曾在工作中遇到困难，也曾犹豫过是否离职。公司的领导对她说："你离开这里，回避了眼前的矛盾，但是换一个地方，还会有新的困难，那你是否继续换工作呢？如果不是，就请留下，你有能力继续做下去的。"这是她的努力赢得了领导的认可。

言归正传，面试的时候，我们应该如何展示自己呢？

一般职场面试经常被问到的问题其实就那么几类，主要有下面这些问题：

你过去最成功的经历是什么？

你过去最失败的教训是什么？

你从自己的经历中学到了什么？

你认为自己的优点和长处有哪些？

你的缺点和不足是什么？

你为什么选择我们公司？

你能够贡献什么？

被面试人如何充分地展示自己呢？在这个自我推销的环节，可以考虑以下三个重点：

- 自己有什么与众不同之处，有什么价值的优势。
- 自己从过去的经历中学到了什么，借此可以表达自己的经历、能力、价值观等。
- 自己的志向和梦想是什么，今后打算做什么，怎么做，能贡献什么。

· 他山之石 ·

自我展示的时候到底哪些内容值得一说呢？日本有一家培训学校在指导学生参加工作面试时建议学生多从以下方面介绍自己的优点。

- 我愿意积极挑战新事物。
- 我做事之前一般会先思考后行动。
- 我能吃苦，我对自己的体力很自信。
- 我不愿意对困难屈服。
- 不喜欢的事情我也能认真做完。
- 我的性格好，能够和他人和谐相处。
- 我做事有计划性。
- 我会顾及别人的感受。
- 我有解决问题的能力。
- 我做什么事情都愿意提前完成。
- 我工作认真努力。

这些方面的长处和优点，在我们的成长过程中常常被认为是应该的，我们一般不会因此得到明确的表扬和肯定，所以，我们有时候也不认为这些是值得强调的优点，这真是有些遗憾。我们仔细想一想，在职场上，这些哪一条不是很宝贵的优点和美德呢？

面试前需要做好功课，了解对方的组织，无论是企业、学校，还是公共服务机构，你为什么选择这个组织？为什么对这个组织感兴趣？要回答这些问题，自然就会涉及你的价值观、职业理想等内容，这就是可以自我展示的部分，也是非常个性化的部分。

至于你的技能和经历如何，是否能够胜任应聘岗位，能否做出自己独特的贡献，这类问题事前也需要准备，可以以书面形式整理出来，再适当地进行口头练习，尤其是当我们不能用母语面试的时候，外语的内容更要认真准备,可以把自我陈述的内容先录音然后自己听听效果,想一想哪里需要改进。如果事前准备比较充分,外语说出来就会比较流畅。

有时候,即使对方没有录用你,也不一定是你不够好,只是不合适那个岗位而已,所以,面试时不用过于紧张,也不要刻意迎合。每个人都有自己的特色,都是独一无二的,只要用适合的方式把自己的特色展示出来,就是成功的。

6.3　心理学小知识

无论是作为被面试的一方,还是作为面试的一方,最好了解一点相关的心理学小知识,在这里我和大家聊一聊首因效应、晕轮效应、刻板印象、SOLER 模式,希望能够对大家有所帮助。

首因效应

首因效应是由美国心理学家洛钦斯首先提出的,也叫优先效应或者第一印象效应,指交往双方形成的第一次印象对今后交往关系的影响。虽然第一印象并非总是正确的,但却是最鲜明、最牢固的,并且决定着以后双方交往的进程。

第一印象是在短时间内以片面的资料为依据形成的印象,心理学研究发现,与一个人初次会面,45 秒内就能产生第一印象。它主要是获得了对方的性别、年龄、长相、表情、姿态、衣着打扮等方面的印象,判断对方的内在素养和个性特征。这一最先的印象对他人的社会知觉产生较强的影响,并且在对方的头脑中形成并占据着主导地位。明白了这一点,被面试者就要注意印象管理,给对方留下良好的第一印象。

晕轮效应

晕轮效应又称光环效应,指人们在交往过程中,对方的某个特别突出的特点或者品质会掩盖人们对对方的其他品质和特点的正确了解。这种错觉现象,心理学中称之为"晕轮效应",最早是由美国心理学家爱德华·桑戴克提出来的。美国心理学家 H.凯利等人在印象形成实验中证实了这一效应的存在。名人效应是一种典型的晕轮效应。

面试中善于侃侃而谈的人，容易给人留下能力强的印象；穿着打扮干净整洁，行为举止礼貌周到，说话声音温和稳重的人，容易给面试官留下良好的第一印象；外貌姣好的人，容易让人觉得聪明可靠……所有这些第一印象，会微妙地左右面试官的印象和感受，可能会影响面试的结果。面试官了解这一点，可以少犯以偏概全的错误。

刻板印象

刻板印象指的是人们对某一类人或事物产生的比较固定、概括而笼统的看法，是人们在认识他人时经常出现的一种相当普遍的现象，是一种惯性思维。美国社会心理学家克劳德 M.斯蒂尔著有《刻板印象》一书。

刻板印象的形成，主要是由于我们在人际交往过程中，没有时间和精力去和某个群体中的每一成员都进行深入的交往，而只能与其中的一部分成员交往，因此，我们只能"由部分推知全部"，由我们所接触到的部分，去推知这个群体的"全体"。刻板印象一经形成，就很难改变。

刻板印象是一种无所不在的社会效应，在不知不觉中对人们的心理和行为造成阻碍——哪怕我们没有真的歧视别人，在社会身份的压力存在时，"受害者"依然无法拥有公平的人生。刻板印象会影响到谁呢？男性、女性、小孩、老人、大学生、公务员、"90 后"……只要是有"社会身份标签"的人，都会遭遇刻板印象的影响，给人"贴标签"同样是犯了以偏概全的错误。

SOLER 模式

社会心理学家艾根在 1977 年研究发现，在与人相遇之初，按照 SOLER 模式来表现自己，可以明显增加他人的接纳性，在人们的心中建立良好的第一印象。"SOLER"是由五个英文单词的首字母拼写出来的，其中："S（Squarely）"表示坐姿或站姿要面对别人；"O（Open）"表示姿势要自然开放；"L（Lean）"表示身体微微前倾；"E（Eye contact）"表示目光接触；"R

（Relax）"表示放松；用 SOLER 模式表现出来的含义是"我很尊重你，对你很有兴趣，我内心是接纳你的，请随意"。

了解了这些心理学小常识，面试时可以适当加以运用。一方面，要知道服装服饰、姿态表情、言谈举止等，所有这些外在的信息，都在表达着独特的自己；另一方面，职业素质是装不出来的，平时还要多多学习，树立职业理想和职业目标，提高自身的职业修养，这才是真正有效的手段。

6.4　求职面试是双向选择

在求职面试的时候，组织的情况如何，自己的发展前景如何，是求职者需要搞清楚的问题。有时候面试官可能问你有没有问题，最好利用这个机会，问几个自己真正关心的问题，了解一下对方的情况，判断一下组织和岗位对自己是否合适。但是也不要问得太多，最多三个为宜。

> **职 场 贴 士**
>
> 求职面试时要关注自身需要了解的事项，可以包括：
> - 组织的目标与个人志向是否一致。
> - 为了实现组织的目标，需要什么技能，能否发挥自己的长处。
> - 了解组织的工作方式：是四平八稳还是跌宕起伏，是团队作战还是需要个人英雄。

找工作是一种双向选择。对方如果想录用你，会主动谈及待遇问题，如果你对这份工作很感兴趣，就不要过于计较入职薪资。从长远来看，契约关系如果不够公平合理，这种关系就不可能长久持续。

6.5　及时更新自己的简历

多年和日本客户打交道，我发现他们在需要做自我介绍时，对自己的教育经历、职业经历、个人成长、业余爱好等方面的介绍，既全面又简约，有明显的个人风格。职位高的人不显张扬，职位低的人也没有自卑。

如果需要在一起长期合作，那么初次见面就不仅仅是交换名片、口头寒暄那么简单。如果双方都希望更多地了解对方，一个精心准备的自我介绍就是很好的载体。

我认为每个职场人都应该有一份完善的个人简历，并经常更新，半年一次或者一年一次。即使你的岗位没有发生变化，进行更新时也会促进自己思考过去一段时间有什么成长和提高，有什么进步和挫折。更新简历只是手段，目的是经常审视自己，促进自我激励，自我反省，自我成长。这样，你不论在求职面试还是在升职面试的时候都不会紧张，会很高兴地和他人分享自己的成长经历和内心感受。

面试归根结底是一种人际交流，关于交流的技巧和注意事项，我们在后续章节还会有更多分享，希望能够对大家有所帮助。

第二篇　职场商务中级篇

在这一篇里，我想和职场人聊一聊商务文档、职场会议、客户拜访、时间管理、情绪管理，以及管理中的可视化等话题。这些话题和具体的行业领域没有太大关系，其中的问题几乎在所有的工作岗位上都会碰到。

在国际化日益深入和广泛的今天，这些有一定海外背景的职场事例或许会对大家有一些启发和帮助。

第 **7** 章

商务写作

职场写作不是文学创作，并不需要妙笔生花，商务文档更讲究实用性和时效性，更注重交流的效果，商务文档最基本的要求是把事情说清楚。由于常年为日本企业提供服务，我接触最多的是各种各样的日语商务文档，感触最深的是日本专业技术人士的写作能力和文档制作能力普遍很强，工作中各种文档都做得非常好。我也曾经好奇他们是如何做到的，随着交流的深入，我慢慢了解了其中的一些奥秘。

7.1 写作的重要性

我觉得我们在学校教育（包括高等教育）阶段对写作的重视远远不够，学校在写作方面对学生的训练不够。很多中学到了高中第二年就开始分文理科班，针对理工科学生的教育更重视数理化；学生上了大学就更不必说，在很多理工科大学里，文史课和写作课没有设置或者形同虚设。不论老师还是学生，意识里都觉得文史、写作等知识对理工科学生"没有用"，这从教育层面造成了理工科学生的写作短板。

进入职场之后，企业对新员工的职场写作训练做得也很不够。在职场上，我们很少听说有什么写作训练，好像大家有了大学毕业文凭，理所当然就该会写作。其实，很多人，特别是理工科毕业生，由于学校教育在这方面的不足，在写作方面不是很擅长。尤其是当我们用英语、日语等外语工作的时候，商务写作能力更是迫切需要提高的。

职 场 上

有一次北京 ABC 公司开发部长杨小穆和日本 X 株式会社的项目经理田中先生交流时，田中先生给杨小穆分享了一个他自己的成长故事。他说新员工入职第一年，公司会安排一名老员工对新员工进行一对一的指导，他入职时，他的指导老师是资深的专业人士渡边先生。渡边先生要求他每天早上把当日的《日本经济新闻》报纸读完，从中选出最重要的一篇文章，把文章的观点梳理清楚写出来，再写出自己的看法，打印在一页 A4 纸上，上班之前半小时，也就是 8:30 放在指导老师渡边先生的桌面上，如是锻炼了一整年。

作为一名理工科大学毕业生，经过一年这样的锻炼，田中先生觉得自己的职场写作能力有很大的提高。而他的指导老师渡边先生是一位资深系统工程师，在公司里以最短提案书和最高成功率著称。渡边先生很擅长写提案书，每次信手拈来，马到成功，看似省力，其实功夫在诗外。

我们接触的很多日本企业都会培训自己的员工如何写作，有逻辑思考和逻辑写作等培训课程，还有的课程专门培训员工如何写会议记录。

在工作中我发现，我们中方的很多工程技术人员和项目管理人员认为，把事情做好就可以了，准备文档简直太麻烦了。只要不是客户要求或者公司强制的文档，一般都不愿意写，能推就推。殊不知，这些文档的写作过程正是自我提高的过程；而组织的知识资产，也是这样一点一滴地积累起来的。每当要做一个新项目，大家先想到的是，去问问谁以前做过类似的项目。其实，人的记忆力没有那么可靠，这些经验如果不精心地收集和整理，会随着时间的推移、人员的变动而变得日渐模糊甚至遗失。

职 场 上

我的文档代表我

有一次北京 ABC 公司开发部长杨小穆去日本出差，他和日方工程师们交流工作，他问，为什么日方工程师的文档写得这么好？其中一位系统工程师对杨小穆说，他有一个基本认识，那就是"我的文档代表我"。他说，在一家万人规模的 IT 企业工作，他没有机会和很多人直接交流，但是，他写的设计书和文档会被许多人读到。他希望自己的文档被读到的时候，呈现出较高的专业水准，不希望被别人挑出毛病，所以，他在写作时就要求自己要尽力写出最佳作品。他的职业觉悟给杨小穆留下了非常深刻的印象，杨小穆觉得我们的工程师真的需要向他学习。

7.2 商务写作注意事项

工作中常用的商务文档种类有限，并不是很多。譬如我们做系统开发的团队，需要写项目计划书、提案书、品质分析报告书、项目总结报告书、会议记录等文档。所有这些文档，基本上都是行业或者企业的常规文档，既有成功先例可以学习，也有理论根据可以参考。在进行这类文档的写作时，首先应该注意学习和模仿。

文档的用途不同，内容和形式就会有所不同。写文档时需要根据文档的用途，注意记述的形式、内容、精度和语言。当然，我们还需要注意读者的特点，以对日软件外包行业为例，一般开发团队是中国人，设计团队是日本人，项目的总体负责人通常是日本人，他们经常会要求设计团队的日本人在写文档时考虑中国团队的日语水平，尽量用简单的日语来记述。

这里我从比较宽泛的角度整理了一些商务文档的基本注意事项，希望可以给大家的职场写作提供一些帮助。

1. 根据文档的种类采取相应文体

我们日常工作中常用的各种文档都有其相应的结构和格式。工作中根据不同的目的和用途，可采用不同的文体。

在一个组织内部，工作中各种常用文档都有模板或者范例，可以提供给组织内部的相关人员参考学习，这样，不同的人写出的文档，基本结构大致相同，可以体现组织管理思想的一致性和统一性。这些文档可以看作组织的知识资产。成熟的组织会有很多知识资产，很多日本企业在这方面做得比较好。他们会给员工提供各种资料的制作模板，对封面页、一般页、封底页、字体字号、格式颜色、页眉页脚、图形色彩等方方面面都有明文规定，员工参照模板做出的文档可以保证基本的水准和格式，符合公司的整体风格，不会千差万别。用模板不等于照猫画虎，也不等于填空，文档需要有自己的灵魂。如果你没有用心，读者一看就会发现的。

2. 先说论点（即结论），再说论据

正规文献，例如学术论文，一般都会有一个摘要，用 200～300 字把文章要点描述清楚。读者阅读正文之前，可以先看摘要，知道文章讲述什么，适合自己再细读，不适合就不用从头读到尾。在职场上，我们日常写文章表达思想也是一样，可以采用先说论点或者结论，再去展开论据和细节的方式。

职 场 上

在中日合作的国际项目团队里，中国工程师刘小明给日本部长报告情况。受日语能力的限制，刘小明讲得很慢，细节又多，日本部长着急地说："请你从结论开始报告。听你叙述的时候，我很紧张，我着急知道结果。"

从这件事情我们可以看出在职场上人们获取信息时的习惯和倾向。

3. 文章构成逻辑

各种文档都具有相应的基本结构，不同的组织有不同的特点，一个国际化的 IT 项目开发团队，常用文档有以下几大类。

项目管理类文档：利用 PMBOK 框架展开

项目管理有世界通用语言即项目管理知识体系，英文简称为 PMBOK（英文全称是 Project Management Body of Knowledge），这个知识体系是美国项目管理协会（英文简称 PMI）对项目管理所需的知识、技能和工具进行的概括性描述。和项目相关的文档，一般就按照 PMBOK 的框架，即五大过程组和十大知识领域，结合项目情况具体展开即可。

流程管理类文档：利用 5W1H 原则展开

系统开发离不开流程管理，尤其是大规模团队的系统开发更需要高水平的流程管理。如果文档涉及流程管理，那么按照时间、地点、团队、做什么、怎么做、为什么这样做这几个线索来展开具体内容，就非常奏效。

管理计划类文档：以 PDCA 循环为主线展开

如果我们需要做项目管理计划，那么，按照 PDCA 循环的逻辑来具体展开就是很好的结构。注意细节要具体，不要流于形式。要可实施、可测量、可监督、可落实，这才是实用商务文档的最高境界。

职 场 贴 士

PDCA 循环，是美国质量管理专家休哈特博士首先提出的，由美国质量管理专家戴明博士采纳、宣传并获得普及，所以又称戴明环。PDCA 是四个英语单词的首字母，含义如下：Plan（计划）、Do（执行）、Check（检查）和 Act（处理）。PDCA 循环的含义是，在质量管理活动中，把各项工作按照计划、执行、检查和处理四个阶段执行，并循环进行。PDCA 循环可以广泛用于各种商业活动的管理中。

P（Plan）计划

计划包括方针和目标的确定，以及活动规划的制定。

D（Do）执行

根据已知的信息，设计具体的方法、方案和计划布局；再根据设计和布局进行具体运作，实现计划中的内容。

C（Check）检查

总结计划的执行状况，分清哪些做得好，哪些做得不好，明确效果，找出问题。

A（Act）处理

对检查的结果进行必要的处理，找出对策，解决问题，然后再开启新一轮的循环。

提案类文档：以 SWOT 分析为主线展开

如果是做提案类的文档，我们就需要分析我们的长处与不足，机会与挑战，因此，用 SWOT 分析是较好的思路。开始写作之前，可以先学习和借鉴企业内部其他案例。

> ## 职 场 贴 士
>
> SWOT 是四个单词的首字母，含义如下：优势（Strength）、劣势（Weakness）、机会（Opportunity）、威胁（Threat）。SWOT 分析，即基于内外部竞争环境和竞争条件下的态势分析。

国际标准化资料也可以参考学习

国际标准化资料，例如风险管理标准（ISO31000）等，是非常规范的文档。如果我们仔细阅读就会发现，文章的逻辑构成非常清晰有条理。参照国际标准类文档学习实用文档的写作方法是很方便的选择。总之，不管写什么，我们都要想清楚结构和框架再动笔。

4. 灵活使用小标题

活用小标题可以帮我们梳理信息。写的人如果信息归纳得当，读的人就会一目了然。还要注意，即使使用小标题，也不宜过多，一般以 7 个以内为宜，简洁为上。

认知心理学研究表明，人类短期记忆能记住的项目一般为 7 个左右，上下误差 2 个，也就是说，记忆容量多的人能记住 9 条，记忆容量少的人能记住 5 条。短期记忆是指保持在一分钟以内的记忆。所以，工作中交代复杂的事情，我们控制在 5～7 条比较适宜。一般的事情，控制在 3～5 条以内为好。如果是给客户提意见，最多不要超过 3 条。条目多了，读的人一看可能就会有抵触情绪，交流的效果就可想而知了。

职 场 上

日本 X 株式会社项目经理田中先生对北京 ABC 公司项目组开发部长杨小穆抱怨："杨先生，你们员工写的文字读起来太费劲，如果不从头读到尾，根本不知道你们要说什么。"

杨小穆："我们的工程师写作水平确实有待提高，另外，他们的日语水平也不理想。但是，日语水平并不能立竿见影地提高，怎么办好呢？"

田中先生："这确实是个问题。那么我建议大家不要写很多文字，这不是你们擅长的，不如多用、活用小标题，至少我们一看小标题就知道哪个部分说的是什么事情。"

杨小穆："这个建议太好了，很实用！我们今后就要求工程师们这样做。"

5. 文字简洁，少就是多

商务写作时要注意简洁，能用短语的，就不用长句；能用单词的，就不用短语。相信很多人读过翻译蹩脚的中文，其实，英文习惯用从句，但是，翻译成中文，我们就要符合中文的习惯，口语也好，书面语也好，都可以把长句子变短，把外文中的从句变成另一个句子，这样才会达到比较好的意译效果，至少远好于直译。无论是用母语还是用外语书写，要尽量注意简洁和简短。如果细心我们会发现，国内外很多主流媒体一篇新闻报道的字数都在800～1000 字，一般来讲，我们要在 1000 字之内把一件事情讲清楚。

工作中我们经常需要给客户报告项目情况，书写各种商务报告 PPT（用办公软件 PowerPoint 制作的演示文稿，文稿的每一页可称为 PPT 幻灯片）是我们日常工作的一部分。我们的报告中少不了各种图表和分析，因此 PPT 文档有 20～30 页幻灯片也不足为奇。

职 场 上

有一次，北京 ABC 公司项目经理杨小穆需要给级别很高的客户公司领导汇报项目情况，报告之前，客户公司的领导助理专门对杨小穆进行了指导，领导助理告诉杨小穆，他只需报告以下几项：项目日程、项目体制、项目内容、项目分工、项目设计思想、项目结果等。每个内容就用一页 PPT 展示，总计只需要 5～6 页幻灯片，汇报 5～6 分钟即可，要言简意赅。

客户公司的领导助理告诉杨小穆：无论多复杂的事情，要努力用 A4 一页纸，最多 A4 两页纸把事情说清楚。

领导助理给杨小穆讲了一个日方高层领导准备发言稿的事情。高层领导在一次重要的公司大会上发言，他的资料只有 7～8 页 PPT，他的发言时间大约 10～15 分钟，内容简明清晰，资料一目了然。高层领导告诉这位助理，其中最核心的一页，他想了一周时间，写了一整天，但是报告时只说了两分钟。文字并不多，但字字千金，都是仔细推敲的结果。

杨小穆听了很有感触，原来，好的文档都是这样打磨出来的，这是一种职业修养。

6. 图表化和数字化

用图表表达信息，效果远胜文字。办公软件的各种功能可以帮助我们分析和梳理各种数据。有时候，对一些定性的指标我们也可以用定量的表达方法来实现可视化和数字化。

> **职场贴士**
>
> 　　公司评价一个工程师的设计能力时可以用1～5几个数字来表述，最高能力用 5 来表示，最低能力用 1 来表示，这样就把定性的内容用定量的方法表达出来。至于1～5几个级别如何定义，完全取决于公司的具体需求，具体问题具体分析就可以了。
>
> 　　在日常项目管理中，对规模、品质、效率的数据进行相应的定义和收集，在项目分析时就可以很好地进行数字化和图表化，一目了然，这样可以帮助我们省去大量的文字描述。尤其是使用外语工作时，数字和图表在很多时候非常直观，胜过千言万语。

　　当然，只有这些原则并不能帮助大家写好商务文档，日常工作中，看到好的资料，需要注意收集、整理和学习，并不断与自己的工作结合起来。

　　优秀的企业领导会有计划地引导员工积累知识资产，逐渐形成各种实用文档范例，让新员工学习，帮助他们快速成长。

7. 细节与表达

　　好的内容需要用好的形式表现出来，而且要注重细节，注意表达方式。很多时候，商务文档需要知道来龙去脉，写作者、写作日期、确认者、确认日期、修改履历、修改原因都要记录清楚，便于管理和追踪。如果有目录，则目录需要和文档中的内容建立连接，即使是写一份会议记录，也需要把相关信息记录齐全，这样做有助于让没有参加会议的人，也能掌握相关信息，没有遗漏。

　　我们最初给客户开发项目时，对这些细节都不太注意，客户的指点和批评使我们不断改进，逐渐养成了好习惯。

　　在叙述和表达时，我们还要注意前后一致，全文统一，这也是商务文档的一种规范。例如全称和简称，需要前后文一致，如果用简称，要在一开始注明。数字表达用中文还是用阿拉伯数字，要全文统一。还要注意数字的单位。另外，如果我们写日语文档，要注意敬语和简语的全文统一。如果用英语写文档，我们经常采用的时态是一般现在时，也需要全文统一。

多用积极表达，少用消极表达，在商务文档的写作中也十分重要，特别是用外语工作时，因为受语言能力的限制，我们的表述往往非常直白，如果语言的分寸掌握不好，容易给对方造成误解，引起不必要的担心和麻烦。

> **职 场 贴 士**
>
> 这里给大家介绍一个简单而行之有效的方法，在用外语表达时，要尽量多使用积极词汇，至少用中性词汇，回避消极词汇，不用极端词汇。
>
> 消极的表达："员工的技术水平很差。"
>
> 积极的表达："部分员工的技术水平尚需提高"。
>
> 消极的表达："员工不愿意加班"。
>
> 中性的表述："部分员工对加班有抵触情绪"。

每种语言都有更恰当的表述方式。记得有一次我和美国工程师一起寻找代码缺陷，当我们终于找到一处问题，修改了代码之后，在等待机器编译时，我说："这回肯定行了（It must work）"，美国工程师优雅一笑，说"这回可能行了（It might work）"。这个情景给我留下了非常深刻的印象，我再次体会到，学习外语就是学习文化。语言表达中，用词需要讲究。这些方面需要我们在语言学习的过程中用心积累。

8. 打印格式

电子文档的第一页，就如同书的封面，有一些设计感为佳；即使没有，也要用清晰醒目的字体，表达全文要传递的信息。文档中的每一页都要有页眉页脚，要注意字体字号；无论是 Word 文档、Excel 文档，还是 PPT 文档，打印格式都要无懈可击。即使我们通常只用电子版，也要设定好文档的打印格式。

任何经验总结，都只能作为参考，我们需要在实践中不断磨炼，才能不断成长，不断提高，尤其是外文的写作，更需要日积月累。

总之，写作能力是工作能力中很重要的一部分。特别是大学学理工科的毕业生，如果你想在职业上取得成功，那么，除了专业技能，还需要尽快提高写作能力，提高语言表达能力！文字是知识的基本载体，写作的重要性不言而喻。如果你的写作基本功不是很好，练习起来，日积月累，效果不可小觑。渐渐地，你的职业道路会越走越顺，你会体会到其中的很多好处和乐趣。

职 场 笔 记

第 8 章

职场会议推进

开会是职场人士的工作常态，会议是我们经常使用的交流方式之一。在这一章里，我们聊一聊涉外商务会议的规范。商务会议一般都有其特定的目的，目的不同，参加会议的人群就会不同，开会的方式也会不同。会议采取什么形态，要达到什么目的，希望收到什么效果，都是会议组织者需要关注的事情。

8.1 会议设计

会议设计，就是在了解会议目的的前提下，有效地组织和安排与会议相关的各种细节。组织内部的会议按照目的来分类，大致可以分为以下几类。

- 为了达成共识、做出决定，如讨论会。
- 为了分享信息，如各种例会或者报告会。
- 为了交换和收集意见，如意见交流会。
- 为了教育培训、传承知识，如培训或者讲座等。
- 仪式型会议，如每年一度的新年会。

会议参加者大致分为：
- 决策者，或者相关事件的责任者。

- 执行者，即会议相关决定事项的执行者。

- 专家，即相关领域的专业人士。

- 辅助执行者，如会议发起者、会议主持者、会议记录者等。

- 参与者，即和会议主题有关的其他与会者。

　　会议之前，与会者需要知道会议的目的，每个角色需要知道自己在会议中的作用。会议组织者需要确定会议资料应该由谁来准备，谁来发布；会议日程应该由谁来拟定，谁来确认；会议安排需要提前发布，会议资料也需要提前周知。让大家有备而来，才能让会议高效有序。

　　一个会议需要事前确定的内容大致如下：

- 会议时间（When）：日期、时间、具体议事日程，都需要提前拟定。

- 会议参加者（Who）：决策者、执行者、有识者、会议主持者、会议记录者、与会者等。

- 会议参加者各自的职责如何分担（How）。

- 会议地点（Where）：如果是远程会议，需要提前确认通信设备；如果是大型会议，需要提前确保会议场所可利用，相关需求能满足。

- 会议资料（What）：需要提前准备，根据需要提前发布。

- 会议目的（Why）：会议目的和目标需要明确，要让与会者知道为什么开会。

· 他 山 之 石 ·

　　我在外企工作时，注意到公司里各种会议都是按照标准的会议文件和模式推进的。

　　标准会议文件三件套：

- 会议的议事日程（即 Agenda），需要提前发布给相关的与会者。

- 会议的相关资料，需要提前发布给相关的与会者。

- 会议记录，会后必须及时整理好，最好当日，最晚第二天发布给相关各方。

　　接下来，我们具体看一下这个会议文件三件套。

8.2 拟定会议议事日程

无论什么会议，一般召集者会提前和相关的人商讨会议的议事日程（即 Agenda），确定会议的议题，一次会议的议题不宜过多，需要具体问题具体分析，一般最多三个。会议时间也不宜太长，建议不超过两个小时。

一个清楚的会议议事日程一般包括议题题目、每个议题的时间分配、发言人、说明资料名称等信息。

职 场 上

甲方乙方项目经理常规周会安排：
时间：××年××月××日 10:00—11:30
地点：×××第一会议室
参加者：
甲方：渡边先生，田中先生
乙方：杨小穆，刘小明
会议议事日程：

- 项目状况汇报，乙方 10:00—10:30，报告资料 AAA，发言人 杨小穆
- 项目信息分享，甲方 10:30—11:00，会议资料 BBB，发言人 田中先生
- 下次议题商讨 11:00—11:30 乙方助理 刘小明 资料当日分享

通过这样一个会议安排，所有相关的人都会在事前知道会议议事日程，拿到相关的会议资料，对会议整体进程有一个大致了解，这样便于大家遵守会议时间，保证会议效率，有助于在约定的时间之内达成共识。有了这个议

事日程，会议主持人也有据可依，能够更好地控制会议进程，调整会议发言时间等。

8.3　会议内容与会议资料的结构化

所谓会议内容结构化，是指一个成熟的会议，其运营方式和推进方式是模块化的；会议资料结构化，是指会议资料的整理方式和发布方式是模块化的。譬如，一个项目报告会，其基本内容离不开项目的规模、品质、效率、进度、课题、风险等议题，这就是会议内容结构化的具体体现。每个项目都是独一无二的，每个阶段，各个模块的具体内容都是不同的，会议资料需要及时更新，反映最新状况，但是会议的结构是清晰的、稳定的。

无论是什么类型的会议，会议结构都是有章可循的。如果是一般的项目，在制订项目计划的阶段，项目经理会在交流计划的部分设计好项目所需的各种会议，这些会议设计的内容，大致包含会议目的、会议频率、会议方式、与会者等信息。有了会议设计资料，会议结构也就基本清晰了。高度结构化的会议节奏很紧凑，大家知道会议要如何开，要报告什么，要如何报告，所以会议的效率很高。

8.4　会议记录结构化

德国心理学家艾宾浩斯（H.Ebbinghaus）研究发现，遗忘在学习之后立即开始，而且遗忘的进程并不是均匀的。最初遗忘速度很快，以后逐渐放缓，艾宾浩斯的研究表明，保持和遗忘都是时间的函数。艾宾浩斯记忆曲线（见下图）揭示了人类记忆的规律。

艾宾浩斯遗忘曲线

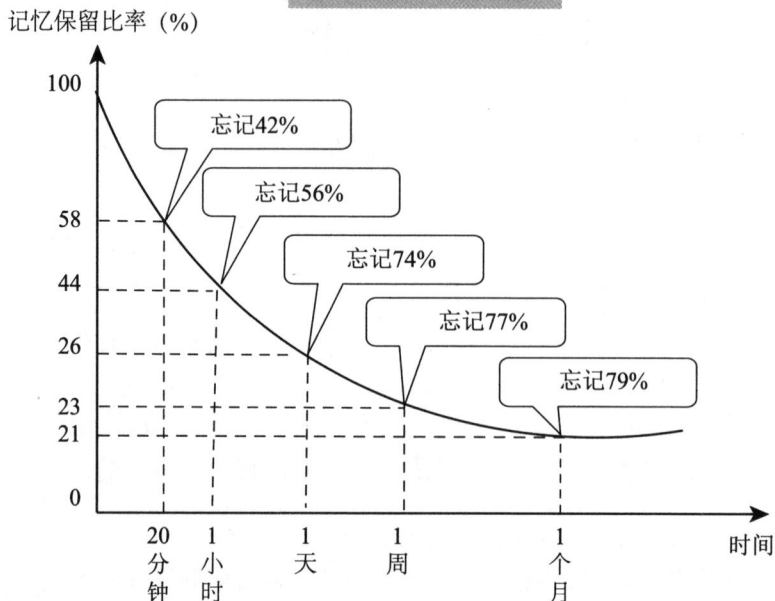

记忆保留比率（%）

100

忘记42%

忘记56%

58

忘记74%

44

忘记77%

26

忘记79%

23
21

0

20 分钟　1 小时　1 天　1 周　1 个月

时间

因为我们的记忆会随着时间的推移而衰减，所以我们需要留下记录。会议记录的作用是为了给相关的人员做参考和备忘，对于没有参加会议的人，会议记录是信息共享的方式和途径，是商务会议必不可少的资料。

会议内容和会议资料的结构化，自然可以帮助我们在做会议记录时也采用结构化方式。一般而言，我们不需要记录会议的所有内容，但是对于每个议题，大家都讨论了什么问题，达成了什么共识，有了什么结论，是需要记录的。如果还有未决事项，也需要记录下来；具体由谁负责，由谁进一步跟进，也要交代清楚。

考虑到会议记录还有一个功能，就是可以给未参加会议的人分享信息，所以，会议的基本信息也需要做正确全面的记载。

职场上

一次会议记录

参加者:

×××部门: 杨小穆, 刘小明, 小李, 小张, 小王

会议时间:

××年××月××日 10:00—11:30

会议地点:

×××楼××层第三会议室

会议资料:

×××项目报告资料

会议记录者:

×××部门: 刘小明

会议记录确认者:

×××部门: 杨小穆

议事内容例1:

议题一: 决定事项: A

未定事项（Pending）: B

课题事项

议题二: 决定事项: C

未定事项（Pending）: D

课题事项: E

议事内容例2:

进度: 有2～3个功能的开发有延迟, 延迟原因是设计书有修改, 对策: 加班挽回进度。

体制: 体制人数25人, 本月加班较多, 有1～2名其他项目组的人, 短期支援。

课题: 设计书有延迟, 具体功能名: X, Y。

对策: 暂时没有合适人选, 只能靠现有员工加班, 下周赶上进度。

品质: 单元测试缺陷较多, 需要做进一步的品质分析, 决定相应对策。

这只是一个简单的例子，真实的会议记录远比这复杂。为了让会议记录简单明了，一目了然，一般可以把信息按照会议结构适当归类，设计好模板格式。譬如把相关内容整理到一页 A4 纸上，如果内容比较多的话，两三页 A4 纸也可以。这里面有会议记录者、会议记录确认者的相关信息，这些信息的记载很重要，不仅易于管理和确认，也便于后续跟进与交流。

当然，商务会议有各种形态，这里列举的是常见的以交换信息为目的的会议。如果会议形式变了，我们也要随机应变。只要能够达成交流的目的，手段怎样并不重要，因为，手段永远是为目的服务的。

8.5　养成写会议记录的习惯

根据多年的观察学习和个人经验，我建议职场人士尤其是职场新人养成做会议记录的习惯。会议是观察学习的最佳场所，会议记录需要及时整理，及时发布。做会议记录需注意以下事项：

- 开会时最好全程记录，整理会议记录的时候，精选要点即可。
- 重要会议可以录音备用，因为在会议进行时可能会忽略一些细节。
- 每次会议要记录与会者讨论了什么问题，得出了怎样的结论，留待今后参考。
- 观察思考：如果是自己，将如何发表意见？通过观察学习，自觉提高自己。
- 注意查看会议记录，如果有专人做会议记录时，可以对比一下自己的记录有无差错和遗漏。

在心理学中，注意是这样定义的：注意（attention）是心理活动对一定对象的指向和集中，是伴随着感知觉、记忆、思维、想象等心理过程的一种共同的心理特征。注意，通常是指选择性注意，即注意具有选择性。人们只会听到自己想听的，或者自己能听懂的，所以开会时我们有可能忽略一些细节。但是会后，如果我们回放录音，或者再次审视一下自己的会议记录，则可能会有不一样的发现。尤其是参加重要会议，大脑在进行信息处理和选择时，信息加工就会占用大脑的一部分认知资源，可能就会导致另外一些重要信息遗漏，全程记录会议内容是非常可靠的辅助手段。一开始可能记不下来，那就多多练习。我发现很多日本同事都能实时做记录，会议结束时，他们随即发布会议记录，几乎没有延误。

职 场 经 验

　　程先生是北京大学高才生，北大毕业后又去美国纽约州立大学读了MBA，现在是一家国际管理咨询公司的合伙人。程先生曾经给我分享过很宝贵的职场经验。他每次开会都做记录，并且习惯在笔记本的边缘留出大约五分之一的空白，专门用来记录会议过程中突然迸发的灵感和火花。会议是思想的碰撞，智慧的交融。交流产生价值，把灵感和火花及时地记录下来，有利于今后的工作和成长。

　　勤于记录，善于思考，会使我们的头脑变得敏锐，我们可以从会议中获得很多宝贵的信息，也可以学会如何避免重复他人的错误。如果我们的工作语言是外语，勤于记录还可以帮助我们提高外语能力，熟悉专业领域的关键词汇和用法。

8.6　会议中的观察学习

　　美国当代著名心理学家阿尔伯特·班杜拉，是新行为主义的主要代表人物之一，社会学习理论的创始人。班杜拉的社会学习理论，强调成人榜样对儿童有明显影响，儿童可以通过观察成人榜样的行为而习得新的行为。

　　班杜拉通过实验提出了自己的观察学习理论。他把学习分为参与性学习和替代性学习，他认为观察学习是人类学习的最重要的形式。班杜拉用替代强化来解释研究实验中发现的现象：观察者因看到别人（榜样）的行为受到奖励，间接引起他本人相应行为的增强；观察者看到别人的行为受到惩罚，间接引起他本人抑制相应的行为。在决定外部行为方面，实际行动比说教更有力量。中文里有"杀鸡给猴看"这样的说法，我认为这就是在讲观察学习。

参加会议就是一种观察学习的机会，既可以学习经验，也可以吸取教训。通过会议，我们可以看到他人看问题的思路和方法。帮助我们提升发现问题和解决问题的能力。

职 场 上

在一次项目汇报会上，北京 ABC 公司项目经理刘小明用日语朗读中方的项目报告书，日方的客户还没有听到一半，就小声打断刘小明说：我们阅读母语的速度，比你读出声的速度要快很多，只要报告要点就可以了。

8.7　如何有效主持会议

在会议之前，会议主持者要认真领会会议的意图和主旨，掌握好会议的进程，穿针引线，把握好会议的节奏，具体要注意以下环节：

- 提前准备好议事日程，发布给所有的与会者。
- 注意让与会者都能发表意见，注意把握主题，不要变成杂谈。
- 对发言比较少的人要引导他们发言。
- 对发言比较多的人要感谢他们，适当调整节奏，引导其他人发言。
- 引导大家陈述事实，不要感情化。
- 预计结束时间前 10 分钟，收敛话题，整理内容，准备收尾。
- 如果有些事情没有达成一致意见，可以另行安排时间，再次开会讨论。

　　如果会议事前拟定了日程，就要尊重这个日程。会议情况千变万化，需要会议主持者随机应变，灵活掌握。有些时候，大家发言踊跃，话题一时不能结束，会议主持者就需要来控制一下时间，譬如说，感谢大家踊跃发言，但是鉴于我们议事日程比较紧，我们可以先暂告一段落，进入下一个环节。还有些时候，与会者没有达成共识，会议气氛紧张，那么，会议主持者可以叫暂停，休息 10 分钟，帮助大家冷静一下。总之，会议主持者需要灵活掌握情况，具体问题具体分析。

8.8　会后如何有效地收集反馈

　　有时候，公司或者合作单位会组织一些学习交流会议，让相关公司人员参加，主旨是分享经验，交流信息。会议效果如何，今后如何改善，主办方希望得到与会者的反馈。在这种情况下，主办方常常会事前准备好一张 A4 纸大小的调查问卷，在会议结束后，请与会者填写，这样就会比较容易地收集到反馈意见。

　　有经验的公司设计的调查问卷通常有两个部分：一部分是选择题或填空题，一般会提出 8～10 个问题，按照满意度、有效度、理解度等评价项目，由参加者打分或选择答案，下述 1～5 分的分数设计体系是最常见的；另一部分是问答题，一般会提出 2～3 个问题，让参加者自由回答。与会者离场前提交调查问卷。

职 场 上

会议反馈问卷

选择题：

今天的学习会对你的工作有帮助吗？

- 非常有帮助　　　　　5
- 比较有帮助　　　　　4

- 💧 有一些帮助　　　　3
- 💧 有一点帮助　　　　2
- 💧 基本没帮助　　　　1

……

问答题：开放性问题

你觉得今天的交流会哪个部分印象最深刻，为什么？

……

回收上来的问卷，对日后的改进有指导和提示性作用。

开放性问题可以让与会者自由回答，能挖掘出他们真实的意见，但是这样的问题需要花一些时间来回答，所以不宜设置过多，多了就不容易回收真实的意见。

本章介绍了组织和推进会议的基本方法。会议组织者如何节省时间、提高会议效率还是有很多学问的，职场人通过参加和组织会议，留心观察和学习，必能快速成长，事半功倍。

职 场 笔 记

第 **9** 章

如何拜访客户

拜访客户是一种常见的面对面交流形式。拜访客户时,我们的行为举止、衣着服饰、声音声调等,都在传递信息,表达情感,都是交流的重要组成部分。拜访客户时应该如何做?在这一章里,我们具体聊一聊这个话题。

客户和我们的关系,通常是甲方和乙方的关系,是一种契约关系。如果我们的产品和服务不能让客户满意,客户可以另请高明,契约关系就此终止。所以,客户具有更多选择权和决定权,同时,客户具有更多的话语权,是双方关系中更有权力的一方。

另一方面,客户希望我们能提供优质的产品和服务,我们做得越好,他们越省心,他们可以节省时间和精力,去做更多的事情。从这个意义上讲,客户一定不希望我们出问题,即使项目不是一片坦途,客户也希望我们可以克服困难,遵守承诺。所以,契约双方还具有互相依存的关系。

了解了双方关系的性质,再让我们一起看看拜访客户该如何做。

9.1 拜访之前如何预约

拜访客户之前的预约,是拜访的关键环节之一,如果预约被拒绝,拜访就无法实现。怎么做才能让客户给我们安排出时间,促成会面呢?这里还是有一些小技巧的。

1. 提前联系

因为工作关系，我们有时需要拜访的客户可能身居要职，不是日理万机，也是工作百忙，为了能够促成见面，一定要养成提前预约的好习惯，拜访国外的客户，最少提前一个月预约。

我记得有一次准备拜访客户公司的部长，事前和部长的助理沟通过信息，部长助理专门写邮件告诉我：如果决定了拜访，就尽快与部长联系，因为他的时间可能很紧张，也许几个月前就安排好了，如果不提前联系，可能约不上。还有另一种可能，就是部长很努力地为你调整时间，重新安排其他事宜。这两种情况都不好。

所以，尽早联系，尽早预约，才是真正的礼仪。

2. 邮件联系

有一种情况是客户确实抽不出时间。在这种情况下，客户会告诉我们，下次访问中国时再联系，或者说请你下次出差时，再次联系他。如果收到这样的回复，我们表示感谢，照着他说的做即可。还有一种情况是客户不回复。这种情况偶尔也会发生，不要太紧张。有可能他很忙，一时不好安排时间；有可能他根本没有看到你的邮件；还有可能，他还没有准备好，暂时不想见你。无论哪一种情况，都不用想太多，心平气和对待即可。

为了避免尴尬，创造一个和谐的交流氛围，我们最好在预约邮件里把两种情况都列出来。可以这样写：

如果您的时间方便，我想去拜访您，如果您的时间不方便，那也不要勉强，我下次另找时间再拜访您。

3. 给出更多的灵活的时间段

为了促成见面，我们要多给对方提供可选的时间段。我们还可以说"我最近计划出差过去拜访您，您什么时间方便，我会根据您的时间来安排我的出差日程。"这样，客户基本上不会拒绝，会给我们安排见面的时间。即使双方都很忙，只要有交流的愿望和诚意，是一定可以预约成功的，我们需要有一点耐心和韧劲儿。

4. 委托中间人

有的时候，我们想拜访的人不一定和我们很熟，甚至根本不认识我们。但是，他们手中掌握着重要的业务机会，我们需要千方百计地促成见面。这时，我们可以拜托信任自己的客户帮我们牵线搭桥。有时不能一蹴而就，需要一点时间和耐心，不要轻易放弃，心诚则灵，最终是一定可以约成的。

职 场 上

北京 ABC 公司大客户经理李小冰有过这样的经历，客户公司的业务总监山本先生掌握着重要的资源和业务机会，北京 ABC 公司没有人和他有直接联系，作为公司的大客户经理，李小冰为了和山本先生建立联系，促成交流，先后两次请了自己信任的客户帮忙牵线搭桥，结果时间不巧，两次都没有见到。但是，这个信息传递到了山本先生那里。后来山本先生再来中国出差时，带着他的一行人特意联系李小冰并见面。这样，一个业务上的合作关系就由此建立起来了。

9.2　拜访之前如何准备

拜访约成了，客户给了时间，这才是交流的开始，如果是去对方公司拜访客户，那就要做好相关的准备，既然是商务访问，不是聊家常，而是谈工作，谈业务，就要准备周全，珍惜每一次机会。通常情况下，商务访问都需要准备什么呢？一般来讲，我们需要做以下准备。

1. 项目汇报资料

一般来讲，客户不会要求我们拜访他们时一定要准备好汇报资料，但我们注意到，日本客户每次来中国访问，都会事前联络好，并带着精心准备的会议资料，每个议题都要充分交流。那么，反过来也应该一样，我们出差拜访日本客户，也需要带上项目报告资料、提案资料、项目计划书……不能空手去。

通常情况下，出差拜访客户不带书面资料是不合适的，也是失礼的。如果拜访时准备不周，交流不好，今后可能就没有机会了。

当然，每个客户的情况都不一样，如果是拜访客户的高层领导（主要是指客户的经营层或者高级管理层人士），则更需要做好准备。因为高层领导可能不需要书面的汇报资料，当面交流就只是交谈，但是，交谈的内容专业性很强，对我们的综合能力要求更高。

2. 预测客户可能会问的问题，准备好自己的答案

有时候项目进展不顺利，和客户的交流无法回避。见面之前，要预测一下客户可能会提出的各种问题，尤其对那些自己最不愿意回答的问题，要准备好自己的答案。要侧重事实和解决方案，不要把问题归咎于客观和他人。

3. 见面礼

日本客户来中国访问时经常带一些小礼物，最常见的是带一盒盒装巧克力或者小点心，1000～2000日元（约合人民币100元左右）的那种，见面后他们会交给项目负责人，让项目负责人分给项目组的员工们，一般是一人一份。我们也可以效仿。譬如我们可以带上一小盒茶叶，体积小，重量轻，客户接受这样的礼物也没有心理压力。

职 场 上

　　一家中国公司的项目负责人带着一份厚礼去日本拜访客户，礼物又大又重且价格不菲，乘飞机带过去一路很辛苦。结果客户说心意领了，但是礼物不能收，因为礼物太贵重了，违反他们公司的规定。

×　×　×　×　×

　　杨小穆在日本拜访客户时偶遇一家中国公司的中层领导，带着四个中国红的点心盒去拜访客户。中国红本来就很显眼，他两手提四份点心盒，在办公楼乘电梯上上下下，看起来感觉有一点不妥。

　　礼轻情意重，太贵重的礼物会给客户压力。如果要送出四份同样的礼品，可以考虑派四个人分别去送，或者分四次去送。送礼时我们需要体会一下收礼人的感受，多用一点心思。

9.3　见面交流促进合作

　　我们不能"空手"去见客户，这并不是说你一定要带着礼物。在商言商，准备好项目资料是头等大事。因为常年服务日本企业，我们发现日本人的商务习惯细节较多，和他们一起做业务，就要尊重他们的习惯，才能更好地促进商务合作。

　　商务活动中的见面和交流，通常会以交流会的形式进行，所以，基本礼仪和注意事项与前文提到的内容是一致的，这里就不再重复。客户给我们的交流机会是宝贵的，交流的内容应该被准确地记录下来，不要遗漏。做好的会议记录可以提交给客户，作为双方的备忘录使用。这些工作也是促进客户关系的细节。有助于建立和加强双方的信任关系。

职 场 上

有一次北京 ABC 公司大客户经理李小冰因为项目原因去日本拜访客户。日方公司的一个中国籍员工告诉他说:"你们公司来拜访客户的次数太少了,应该经常来,你们和客户的关系近了,客户有项目才会想起你们。"这番话让李小冰受益匪浅,于是,李小冰有意识地增加了访问次数,缩短了访问间隔,不知不觉,客户就习惯了李小冰去访问。

一开始,李小冰和客户公司的具体项目负责人交流较多,和客户的高层领导还没有交集。没想到去的次数多了,客户的一个高层领导主动对他说:"以后你来日本就和我打个招呼,我们可以经常交流一下最新状况,保持联络和沟通。"有了这样的沟通,李小冰再去访日就更有信心了。不知不觉,他和客户的交流也越来越频繁,越来越深入了。

9.4 拜访后如何跟进

客户拜访结束后,交流并没有结束,还需要后续跟进,即使是最简单的跟进,也需要发个邮件,表示感谢。例如,感谢客户招待我们美味佳肴;如果没有在一起吃饭,也可以感谢客户给我们安排了时间,感谢客户给了我们交流的机会;如果通过交流,我们学到了什么,就具体说出来表达谢意,越具体越真诚,越有助于今后的进一步交流。

如果项目进展不顺利,还有问题需要解决,见面气氛紧张,就告诉客户,我们会尽快解决,尽快跟进,尽快答复。当然,做出的承诺一定要兑现,不能敷衍,敷衍客户就是敷衍自己。良好的客户关系不是靠吃吃喝喝维系的,没有专业的服务,只是一味地讨好和迎合,是不能解决任何问题的,也是不能持久的。只有真诚专业的服务,才是维护客户关系的真正法宝。

9.5　拜访客户时的计划外安排

不论准备多么周全，拜访客户时总会有一些计划外的事情发生，这就需要我们随机应变。但是，万变不离其宗，基本宗旨就是诚心诚意服务客户，让客户满意。

职 场 上

北京 ABC 公司大客户经理李小冰去日本拜访客户，日程已经安排得很满。没想到另一个项目组的客户找他，希望和他谈谈项目的问题。李小冰不好拒绝他们，于是把自己的出差日程表发给了客户。没想到客户见缝插针，找了一个中午的午餐时间，说要和李小冰开午餐会。一进会议室，李小冰发现日方项目组居然来了七八个人，他们准备了日式午餐盒饭，日方项目组每个人逐一发言，讲了项目的问题，也讲了他们的期待。

因为是临时会议，李小冰一个人对应他们七八个人的问题，需要一边交流，一边记录，一边回答问题，根本来不及吃饭。但是他感受到了客户的信任和期待，他不想让客户失望，于是一如既往，认真负责地对待这次计划外会议。李小冰知道，长期的信任关系都是靠一点一滴的付出和努力换来的。

※※※※※

北京 ABC 公司开发部长杨小穆和项目经理刘小明一起去日本出差，日方项目负责人热情洋溢地组织了一个有 20 多人参加的小型欢迎晚宴，除了 ABC 公司日本分公司的几个中国同事之外，其他的参加者都是日本客户或者日方伙伴公司的员工，每桌三四人，按照公司所属，分六七桌而坐。一进门看到这个情景，杨小穆和刘小明心里还是有一点紧张的，因为在这个晚餐会上，他们俩需要跟这么多不太认识的，有的甚至是完全不认识的日本人打交道。

　　杨小穆想，既然是为他们俩访日举办的欢迎会，不主动交流也不像话。所以，待吃饭告一段落，他们俩就拿起酒杯，逐一到每一桌去和日本客户打招呼，和他们碰杯，坐下来和他们聊天，并问他们是否去过中国，去过北京，欢迎他们来中国出差。杨小穆说，除了工作，可以安排他们登万里长城，品北京烤鸭。杨小穆真诚地告诉日本客户，北京的开发团队还很年轻，希望他们多多指教，有什么不满和意见，今后多多交流。不知不觉，气氛就热络起来，越聊越好，结束时大家还意犹未尽。

　　事后客户的项目负责人还写来邮件夸他俩善于交流。

　　在国际职场上，主动与海外客户交流，内心总是难免会紧张的，我们的职责需要我们克服紧张，勇敢地迈出第一步，而这恰恰是成功交流的开始。

　　总之，拜访客户可能会遇到各种情况，无论发生什么，都不要慌乱。要记住自己的使命和职责，心怀诚意，认真做好本职工作，慢慢积累。客户信任关系是长期积累和经营的结果，没有任何捷径。

9.6　资深专家的经验分享

　　关于拜访客户，资深管理咨询顾问程先生有一段非常精辟的总结，他是这样说的：每次去拜访客户，交流的节奏很像是古文里的行文顺序，即起承转合。以寒暄开始（起，即开始）；然后引入话题（承，即承接上文）；继而转入重要内容（转，有转折之意，引申为从正反面立论）；最后总结前面的话题，明确后续跟进的事项，表示感谢（合，即结束）。

　　每个人都有自己独特的风格，拜访客户和其他工作一样，需要我们在工作和实践中积累经验，不断学习，探索出自己的方式和方法。

第 **10** 章

职场时间管理

小时候，老师和家长总是教育我们："明日复明日，明日何其多。"这句话出自明代诗人钱福的诗《明日歌》。在中央电视台的《经典咏流传》第 1 期节目中，还请知名歌手王俊凯与观众一起咏唱用这首诗歌改编成的歌曲。诗中这样写到：

明日复明日，明日何其多。

我生待明日，万事成蹉跎。

世人若被明日累，春去秋来老将至。

朝看水东流，暮看日西坠。

百年明日能几何？请君听我明日歌。

时间宝贵无须多言，在这一章里，我就和大家聊一聊时间管理这个话题。

10.1 探索职业成长之路

在探讨微观的时间管理之前，我们先谈谈职业生涯规划。因为职业生涯是我们人生中非常重要的组成部分，占据我们一生大部分时间，可以说是重要的宏观时间管理。那么，如何让自己的职业生涯更有意义呢？日本著名企业家，被誉为经营之神的稻盛和夫先生给出了他的答案：要度过充实幸福的一生，只有两种选择，要么做自己喜欢的工作，要么喜欢上自己的工作。

我记得有一次日本客户的高层管理人员来北京访问，我方公司的总经理亲自接待，我也一起参加了会议和聚餐。席间大家聊起了文化差异这个话题，说到中日两国文化差异体现在各个层面，譬如有记者采访日本妈妈，问她们希望自己的孩子日后成为怎样的人，日本妈妈普遍回答，希望自己的孩子健康快乐地生活。对于同样的问题，很多中国妈妈则回答，希望自己的孩子获得成功，譬如成为企业家、科学家等，很少有中国妈妈回答说，希望自己的孩子成为一个幸福健康的普通人。

吃饭时听高层领导们聊天是一件轻松的事，不料这时客户的领导突然问我："作为国际型的母亲，你对自己的孩子有何希望呢？" 我来不及细想，随口回答说："我希望孩子无论做什么，能够发挥自己的天赋就好。"隐约中，我感觉自己潜意识里肯定思考过这个问题。

仔细一想，我觉得这或许是个哲学问题。我们要如何度过自己的一生，要成为什么样的人，或早或晚，我们都要回答这些问题，即使没有人来问，我们自己也需要去思考，去寻求自己的答案。

走出校园，进入社会开始工作，工作既可以是我们的谋生手段，也可以是自我实现的途径。初出校园时，谋生的需求可能高于自我实现的需求，随着时间的推移，经验的积累，技能的磨炼，我们的基本需求会渐渐得到满足，随后，更高级的需求就会出现，最终还是需要实现自我的价值。

我在日本出差时经常逛书店。我记得大约十年前，我看到过一本有趣的书，书名《发现你的才能》，这本书是从英文翻译过来的，英文原文的书名是《Find your Strengths》。这本书的主要观点就是告诉人们探索并发现自己的长处，把它发挥到极致。作者强调，那些让我们感兴趣、令我们为之着迷的事情，或者那些我们擅长的事情，很有可能和我们的某种天赋有关联。这本书很厚，我翻看之后，就牢牢记住了这一条。

按照书中观点，擅长加喜欢，可能意味着某种潜在的天赋。这个观点提示我们，我们需要在认真做事的过程中，不断探索自己，发现自己，找到自己喜欢或者擅长的事，在完成工作的同时还能实现自我价值。这件事当然不会一蹴而就，需要我们心怀目标，持之以恒。念念不忘，必有回响。

10.2　分清轻重缓急

管理大师德鲁克说，时间是一个人最稀缺的资源。时间资源如此宝贵稀缺，每个人都需要管理好自己的时间。时间的管理既反映世界观，也涉及方法论。具体应该如何做呢？

其实，我们的所有活动都离不开时间管理，上班和上学都需要准时，乘飞机、坐高铁出行需要准时，还有很多事情，都需要我们在限定的时间内完成。时间管理是我们日常生活和工作必需的技能。

进行时间管理，首先需要分清事情的轻重缓急，管理好优先级。毫无疑问，我们要把主要的时间精力放在重要的紧急的事情上，这里就有个优先级排序的问题，譬如我们可以进行以下优先级排序：

- 重要且紧急：优先级最高，第一优先需要处理。
- 紧急但不重要：优先级次高，日常的一些常规的事务性的工作属于此列。
- 重要但不紧急：相对长远，对组织和个人的长期目标有益，需要有安排。
- 既不紧急也不重要：时间精力有限，不必追求十全十美，可以适当取舍。

因为时间和资源有限，为了确保我们的事情能在限定的时间和限定的资源之内完成，时间管理就显得尤为重要。时间管理包含一系列的管理过程，譬如活动界定、活动排序、时间预估、进度安排及时间控制等。接下来，我们看看在实际工作中具体该如何做。

10.3　PDCA 循环助力时间管理

在第 7 章中我们曾经介绍了 PDCA 循环，即计划—执行—检查—处理的循环过程，是一种管理上的通用方法，例如，在质量管理活动中，制订计划、实施计划、检查计划实施状况、并进行改善，然后再进入下一个循环。如此反复循环，实现螺旋式上升。

PDCA 循环不仅仅是质量管理的基本方法，也是企业管理各项工作的通用做事方式。在我们进行时间管理的时候，PDCA 循环依然适用。

在职场上做时间管理时，首先，需要把要做的事情按照层级全部罗列出来，再根据事情的优先级分配时间，制订计划；然后，我们需要严格执行自己的计划。在执行计划的过程中，我们可能会遇到各种情况，实际所需要的时间比我们计划的时间更长，可能会使我们无法按照计划完成任务，这时我们就需要对计划做出相应的调整和改善。

工作以外，我们也需要对个人的时间做好规划和管理。如果我们每年给自己定一个小目标，根据自己的情况，每天坚持一定的时间，日积月累，会取得惊人的效果。无论是学习语言、提升专业水平，还是锻炼身体，都很有效。

10.4　时间管理小贴士

在职场上，每个人都需要遵守时间。

团队和个人的时间管理还是有所不同的，如果是个人计划，即使不能按时完成，充其量只是对个人产生一定的影响。但是，一旦我们进入团队，成为整体的一员，自己负责的工作就是组织整体工作的一部分，有责任和义务按时完成。如果由于个人能力经验不足，或者有突发事件发生导致工作不能按时完成，则影响个人进度的同时，还会影响整体进度，这就需要及时和组织管理者进行有效的沟通，让组织有可能安排替代性资源，不影响整体进度。

　　所以，作为组织的一员尽量不要让类似情况发生，因为这样还会影响个人信誉和职场评价。而作为组织的管理者，为了避免类似情况发生带来的破坏性影响，需要及时检查工作进度，确认有无风险，防患于未然。

❝ 职场贴士

　　在职场上，我们为了管理好时间，按照计划完成特定工作，可以考虑一些辅助手段。

- 凡事都要尽早计划，尽量提前安排，能提前完成的就提前完成。
- 每天规划出特定时间，不开会，不看邮件，专心特定工作。
- 不清楚的工作，或者没有做过的工作优先着手，给自己留出时间上的余量。
- 需要别人帮助或者配合的工作优先，因为和他人配合的工作往往具有个人不可控的因素。
- 如实记录自己的时间是怎么用的，定期做定量定性的分析，根据分析结果进行改善。

　　时间就是金钱，效率就是生命。在实际工作中，项目一旦拖延，就意味着相应资源可能无法调整，或者拖延本身就意味着成本的增加。所以，养成计划时间、记录时间、管理时间的习惯非常重要。

10.5 时间的记录与测量

职 场 上

北京 ABC 公司开发部长杨小穆想要知道新员工进入项目组以后的工作效率，于是他和项目经理刘小明利用一个微型项目，做了一个时间测量的小实验。他们让 10 名新入职员工在 6 周的时间内，每天如实记录 8 小时内用于核心业务（软件开发与测试）的时间，他们想通过分析他们的时间记录，了解新员工的生产效率。

分析记录结果他们发现，新员工用于核心业务的平均时间只占总体工作时间的 61%，也就是说，还不足总体工作时间的三分之二。看到这个结果他们有点诧异，由于没有记录核心业务之外的时间都做了什么，他们一时无法深入分析，这次时间测量的小实验留下了一个遗憾。

后来，杨小穆和项目团队又做了一次类似的小实验，为期 4 周。他们将工作时间划分为开发和测试时间、学习时间（主要是学技术的时间）、开会时间、写工作记录时间和其他时间（如请假），让 12 名新员工每天如实记录 8 小时都做了什么。结果这一次他们得到了类似的结论，新员工用于核心业务的时间只占总体工作时间的63%，那么，剩余时间都去了哪里呢？

通过分析时间的测量结果他们发现，开会时间在总出勤时间中占比为 10%，学习时间占比为 14%，写工作记录时间占比为 9%，其他时间占比为 4%。分析了这个数据之后，他们认为，开会时间还可以节省；随着熟练度的提高，员工写工作记录的时间还会缩短。

在这两次实验中，项目经理让员工如实地按照工作分类详细记录时间分配，每天坚持，持续 4～6 周，然后项目经理对时间测量的结果进行定量和定性分析。如此以 PDCA 循环的方式循环往复，可以帮助项目经理更好地管理团队的时间，提高整体的工作效率。

当然，这个实验局限于特定领域，未必具有普遍性，测量结果为整体平均值，也并不反映个体差异。但是我们仍然可以从中观察到，合理的计划，有效的实施，认真的记录，深入的分析，能够帮助我们更好地把握时间的利用情况，更加有效地发现问题，进而在未来的工作中合理改善，提高我们的时间利用效率。

10.6　本章小结

珍惜时间、管理时间、有效地利用时间，是长期伴随我们的一种修炼。有时候我们可能来不及写很详细的计划，这时候，我们可以用一个提示便笺列出近几天的重点工作放在案头，适时更新，经常性地检查回顾。

知识劳动者的平均寿命越来越长，我们每个人的职业生涯一般都有三十余年，而很多企业的寿命却只有十余年甚至几年，很多人有机会在其有生之年看到自己曾经服务的企业倒闭或者破产，而自己的职业生涯还需要继续。所以，我们更加有必要管理好自己的时间，做好规划，积极进取，让自己具有真正的市场价值，有能力不依赖个别企业。

第 **11** 章

职场情绪管理

近年来，职场压力导致员工罹患抑郁症的情况日益增多。在此背景下，职场的心理健康和情绪管理就显得愈发重要。

"情绪管理"即是以最恰当的方式来表达情绪，如同亚里士多德所言："任何人都会生气，这没什么难的，但要能适时适所，以适当方式对适当的对象恰如其分地生气，可就难上加难。"

在这一章里，我们以项目经理的角色讲一下情绪管理。在做项目时，一个项目经理除了需要管理自己的情绪，还需要管理上级的情绪、客户的情绪、员工的情绪。在做项目时，由于项目经理处在职场各种交流通道的节点上，所以项目经理的情绪管理更具有象征意义。即使你是一名职场新人，如果可以站在项目经理的立场上学习一下职场的情绪管理，对个人成长一定是很有帮助的。

11.1 情绪管理的概念和内容

曾位列全美畅销书排行榜的《情绪智慧》（*Emotional Intelligence*）将

EQ 与情绪管理画上了等号。根据一些心理专家的观点，情绪智慧涵盖下列 5 种能力：

- 情绪的自我觉察能力；
- 情绪的自我调控能力；
- 情绪的自我激励能力；
- 对他人情绪的识别能力；
- 处理人际关系的能力。

情绪管理的最基本形态有四种：拒绝、压抑、替代和升华。在现实生活中，人际关系取决于一个人的情绪表达是否恰当。

每个人都有情绪，但人们大都对情绪缺乏必要的了解和关注。消极情绪若不适时疏导，轻则败坏兴致，重则使人情绪崩溃；而积极的情绪则会激发人们工作的热情和潜力——职场中各种情绪不同程度地影响着员工的工作和生活。只有了解情绪，才能管理并控制情绪，使之发挥积极作用。情绪管理要求我们要辨认情绪、分析情绪和管理情绪。

在这一章里，我以职场中人际关系的类型为线索，以职场上的典型事例为素材，以项目经理的立场和视角为出发点，探讨一下情绪管理这个话题。希望这些内容对大家有所帮助。

对于项目经理来讲，职场的情绪管理大致可以分为以下几个大类：

- 自我的情绪管理；
- 员工的情绪管理；
- 客户的情绪管理；
- 上司的情绪管理。

接下来，我们分别来聊一聊这几种情况。

11.2 自我情绪管理

身处职场,团队合作必不可少。一个大规模项目往往牵扯到利益各方,每个人立场不同,利益就不同,这就决定了大家的诉求不同,价值观不同。站在自己的角度来看非常合情合理的事情;站在他人立场来看可能无关紧要。项目经理很多时候都需要平衡各种矛盾和力量,把项目引导到正确的道路上。在这个过程中,项目经理首先需要管理好自己的情绪。在这里,我们和大家分享一些来自职场的小故事。

职 场 上

北京 ABC 公司开发部长杨小穆在和客户公司的资深项目经理交流时,这位项目经理谈到了情绪管理的问题。他告诉杨小穆,他本人追求完美,不允许自己犯错误,也容不得自己负责的项目出差错。但是项目规模大了,人员多了,总有意想不到的事情发生。有一次,由于部下的人为失误导致系统出了问题,这位项目经理气急败坏地对部下说:"去死吧!"

事后,在他们的公司内部进行 360 度评价时,有人给他提意见,说他脾气不好,发脾气时很可怕,他才意识到这个问题。

项目经理希望自己的项目完美很正常,有这么情绪化的反应,从侧面可以看出他是全身心地投入其中了,否则不会那么生气。但是,一个成熟的团队领导者是要允许自己和团队犯错误的,同时,适当的情绪管理也是必不可少的。

职 场 上

另一个客户公司的项目经理和北京 ABC 公司项目经理刘小明也交流过类似话题。他说，当他感觉到自己要发怒的时候，就让自己深呼吸，在心里默数 10 下；太生气的时候，就在心里默数 15 下，甚至更多，等数完了，就没有那么生气了。项目经理还是要专注于解决问题，而不是发泄自己的情绪。刘小明非常感谢客户的分享，他认识到自己也有需要提高和改进的地方。

身在职场，每个人都要学习管理好自己的情绪，不能要求每个人每件事都完美，那样并不现实。资深管理咨询顾问程先生曾经分享过一个很宝贵的经验。他说：

暴怒时想说的话一定不要说，想做的事也一定不要做。要让自己冷静下来，再决定事情应该如何处理。

仔细想一想，工作中没有什么项目是一帆风顺的，时间紧迫、人员不足、预算紧张、任务艰巨、客户交流不顺利等，没有问题的项目是不存在的。但是，这恰恰是项目经理存在的理由。试想，如果项目一切顺利，还需要项目经理吗？处理好各种矛盾，让项目顺利完成，是项目经理的重要职责；情绪管理是职场人必备的职业修养。

11.3 员工的情绪管理

北京 ABC 公司常年服务日本企业，这种提供跨国服务的工作和单纯面向国内的工作还是有所不同的。譬如，中国的传统节日春节是日本正常的工作日。赶上项目高峰，客户就可能需要工作照常继续，这样的矛盾有时就不好协调。

北京 ABC 公司既需要照顾好客户，同时还需要照顾好自己的员工，因为水能载舟也能覆舟，员工才是创造财富的核心力量。很多员工家在外地，春节期间回家团聚天经地义。但是站在客户的立场,客户的需求也是合理的,这个时候,项目经理就需要调节各方,尤其是优先照顾好员工的情绪。

职场上

日本客户委托开发的某大规模项目进展不顺利。北京 ABC 公司北京团队参加该项目的单月人员规模就有 150 多人。春节期间,正赶上客户综合测试,项目进度延迟了。由于客户要求北京团队春节加班,把延迟的时间补回来。由于是临时调整,很多员工已经提前买好了回家探亲的车票。当时,北京 ABC 公司项目经理杨小穆认识到调整客户的安排已经不太可能,为了安抚员工,杨小穆去求助公司领导,如实汇报了情况,征得领导同意,按照国家规定,给春节期间加班的员工支付 3 倍工资。同时杨小穆在和客户充分交流后,把需要春节期间加班的员工人数调整到最少,当时定下来的加班人数是每天 20～30 人。

之后,杨小穆带领的管理团队和需要加班的员工逐一交流。对买好车票的员工,说服他们退掉车票,优先完成春节期间的任务,公司再用项目经费给他们买飞机票回家;有的员工是独生子女,春节不能回家,父母专程来北京看望他,公司就用项目经费给他的父母报销交通费,以感谢他们对公司工作的支持。春节一周,杨小穆带领的管理团队和大家一起加班,中午和大家一起吃饭。这样,员工情绪没有太大波动,平稳地完成了春节期间的任务。

※ ※ ※ ※ ※

北京 ABC 公司某一批新员工进入项目组第一天,就赶上刘小明项目组做综合测试。因为时间紧迫,白天日本的测试环境不能给日方使用,只能夜间进行测试。新员工刚进项目组,但是又没有其他资源可以用,于是,刘小明项目组就决定让新员工和老员工一起参加夜间测试。有人请假,刘小明也批准,并不强求,但是大部分新员工留了下来。刘小明作为项目经理,负责做好大家的思想工作,还和大家一起加班一宿。新员工和老员工一起圆满完成了夜间测试任务。

在实际工作中，偶尔会发生员工在大庭广众之下情绪爆发的情况。在工作场所，任凭情绪爆发，对团队影响非常不好。为了给大家创造一个良好的氛围，有经验的管理者一般会把当事人叫到会议室，在小范围内通过交流一起解决问题，把不良影响降至最低。这样，员工也不至于因为吵架或者发泄了不良情绪而不得已辞职。

在组建团队时，要注意员工组合，既要考虑长处互补，让团队整体技能尽量均衡，也要考虑成员之间的合作性及信任关系，尽量防患于未然，把人员风险降至最低。

11.4　客户的情绪管理

在项目进行的过程中，有时候也会发生客户情绪爆发的情景。

职 场 上

北京 ABC 公司的大客户经理李小冰也遇到过情绪化的客户。有一次李小冰所带的中方项目团队和日本 X 株式会社的项目团队开重要的电视会议，事后李小冰把中方团队做的会议记录送给对方确认，结果日本 X 株式会社中有一个人生气了，他说："你们的会议记录中，自己人发言的记录都加了敬称'san'，而×××公司（日本 X 株式会社的伙伴公司）的×××的发言记录，在你们的会议记录里反而没有加敬称'san'，这样很不妥。"

李小冰马上回信承认了中方团队的疏忽。李小冰说，自己确认会议记录的时候，主要是确认内容，忽略了这个细节。作为外国人，今后还需要不断地提高日语水平，学习日本文化，改进工作，请对方原谅。

李小冰代表中方道歉是应该的，即使当时他觉得客户对自己有点苛刻，但是作为组织的代表，李小冰还是要把自己的情绪放在一边，照顾客户的感受，安抚客户的情绪，这是他的工作职责。

这个案例也从另外一个角度启发我们，作为公司高管，李小冰不必凡事亲力亲为。他可以指定专人（也就是我们所说的助理）担任双方的联络窗口。将与客户联络的部分工作由助理去执行。这样，万一出什么问题，李小冰作为大客户经理还会有回旋的余地，这是回避交流风险、管理客户情绪的一种有效方法。

在与客户打交道时，我们需要识别他们的不良情绪，真诚冷静地回应。客户即使有情绪，他可能是针对组织、针对事情的，不一定是针对具体个人的。作为项目经理，在面对客户时，代表的是自己所在的组织，能够真诚、专业、不卑不亢地应对就好。

11.5　上司的情绪管理

首先，我们需要清楚，上司之所以成为上司，他或她一定有值得我们学习的地方，我们要善于发现上司的长处，以他们为榜样，积极地向他们学习。

其次，我们还需要懂得，与上司打交道的时候，下级处于弱势，上司有更多的话语权和决定权，这时候我们要尊重组织的秩序，不要随意挑战上司的权威。

最后，我们还要明白，人无完人，我们不能要求自己的上司十全十美，换位思考一下，我们自己也一样，做不到十全十美。

在组织里，下级服从上级，个人服从组织，这是组织的基本秩序。凡事大家可能都有自己的看法和意见，但是，服从组织，令行禁止是社会人在组织里的基本行为准则。

上司也是人，也有喜怒哀乐。当上司在工作中有情绪化表现的时候，我们要么忍耐一下，要么转移一下，或者延迟一下。比起针锋相对，迂回一下可能更有助于解决问题。

如果需要和上级表达不同意见，可以礼貌地约好时间和地点，选在会议室比较好。即使两个人意见不一致，也不要在大庭广众之下与上级发生激烈的争执。即使你的想法很合理，你的意见很有价值，如果不注重交流方式，也不能获得理想的结果。有的员工在众目睽睽之下，和上司在工作场所起争执，面红耳赤，情绪激动，最终不欢而散，甚至有人就此离职。

职 场 上

软件工程师小唐在美国公司工作时，老板是爱尔兰人，是一名非常优秀的软件工程师。有一次小唐和老板在工作中发生了意见分歧，小唐当时确信自己是对的，就和自己的老板理论起来，结果小唐发现老板的态度很固执，他的声音、语气、表情都在告诉小唐，他确信自己是对的。小唐虽然不高兴，但还是放弃了争辩，继续做自己的工作。

第二天，小唐的老板发现自己错了，连连对她说："对不起，我错了！"本来小唐还挺生气，但是在老板诚恳道歉时，小唐突然意识到，不分国界，工程师们都是挺可爱、挺直接的，错了就是错了，并不矫情。如果当时小唐和他继续争辩，对团队的合作氛围没有什么好处。所以，有时候遇到问题放置一下，时间会帮助我们解决问题，很多事情都会水落石出。

✕✕✕✕✕

这是一个与上司情绪管理有关的例子，来自一位心理学教授在课堂上的分享。这位心理学教授在刚刚大学毕业初入职场时，碰到的第一个上司是个爱发脾气的人。作为一名职场新人，她的情绪很容易受到上司的影响，上司发脾气时，她就会焦虑和紧张。

后来，心理学专业毕业的她开始记录和分析自己的情绪，主动进行自我情绪管理。她逐渐开始理解她的上司，她发现有时候她的上司发脾气，是他自己的问题，和别人无关。理解到这一层，她的紧张和焦虑就得到了很大的缓解。渐渐地她竟然可以帮助她的上司分担一部分问题了。

有时候，我们看到他人发怒，自己可能会感到紧张，其实，现象背后的原因可能是多种多样的。譬如，有的人在人前发怒，是为了表达自己的权威和存在感，还有可能和他成长的环境有关，不管怎样，我们都不必太紧张。如果我们理解，每个人表达自己情绪的方式不同，我们不必将他人发怒归因于自己，就不会有太大的压力了。

11.6　本章小结

抛开具体的个人感情和情绪，专注于处理问题，是职场人的修养。一时管理不好自己的情绪，日后就需要花更多的时间和精力去处理发泄情绪带来的负面影响，其实是得不偿失的。所以，作为职场人，加强个人修养，管理好自己的情绪是非常重要的，是需要我们终生修炼的。

职 场 笔 记

第 **12** 章

管理中的可视化

在多年工作过程中，我发现资深专业人士有一个明显的长项，他们非常善于把看不见的东西可视化、数据化，把定性的东西变成定量的，这样可以使得交流非常有效，结果也便于比较。可视化其实有很多维度，譬如一维的、二维的、多维的。在这一章里，我们具体来看一下管理中的可视化是如何落地的。

12.1　一维数据的可视化

我们很多人对调查问卷应该不陌生，譬如，商家对产品做满意度调查，为了简单易行，收到真实反馈，商家可能把满意度分成若干等级，予以数字化，使得表达简单易懂，结果易于处理。下面我们列举一个一维数据可视化的例子：

- 非常不满意；
- 不太满意；
- 一般；
- 满意；
- 非常满意。

在这个评价体系中，每个人有自己的评价标准，结果可能不尽相同，但是通过这样的数字打分，结果就变得通俗易懂了。这样的处理，给交流提供了方便，让评价和考核有了可以比较的标准。

这也是社会科学常用的研究和测量方法，非常实用，也非常有效。可视化和数据化使得测量结果便于处理和分析，定性的内容定量化处理之后，方便分析比较，也方便进行相关的数理统计。

12.2　二维数据的可视化

工作中，我们经常需要人为地做一些定义，对我们关注的项目做一些比较。通过对二维数据的可视化处理，就可以快速实现简单的比较。

譬如公司对部门的评价就可以采用二维化数字评价法。先把公司看中的评价项目落实到文字上，再给每个项目定出一个评价标准（即评分标准），然后给出每个评价项目的权重，最后在满分 100 分的前提下，对各个部门的评价按分数降序排列，就得到了评价结果。

这样做的好处是公开透明，便于监督管理。当然，人为的定义也是根据公司的经营需求，要符合公司的价值观，没有绝对的标准。例如，一个二维的部门评价标准可以如下表所示：

评估项目	评估权重	评估分数
体制规模	20%	15
稼动率	20%	18
平均成本	30%	25
利润率	20%	16
信息安全	10%	10
综合	100%	84

在统一定义的前提下再进行比较，让含糊的评价项目经数字化处理后有了可比性，这样的可视化手法简单易行，比较实用。大家也可以在自己的工作中试用一下。

接下来，我们再看一个二维数据可视化的评价例子。软件外包服务的甲方（某 IT 企业）在开发大项目时经常采用的手法之一，是让几家软件开发商根据他们的需求来提案，提案的结果由他们来评估，评估的方法也是一种数字化、可视化的方法。例如按以下表格对参与项目竞标的软件开发商进行评估：

评估项目	评估权重	评估分数
人员体制	20%	15
技术能力	20%	18
业务能力	30%	25
外语交流能力	15%	12
以往成绩	15%	10
综合	100%	80

在这个评价体系中，虽然评估项目是人为设置的，评估权重是人为定义的，评估分数也是比较定性的分数，但是，评估结果仍然具备定量的性质，因此可以进行相互比较，便于最终的评价和取舍。

职 场 上

北京 ABC 公司开发部长杨小穆分享过一次工作经历，有一次客户让两家开发商共同提案，最终他们只选择一家。为了不伤和气，客户自行定义了一个评价体系，按照提案内容给两家开发商一一打分，把定性的评价结果定量化，对落选的提案公司给出一个形式上的交代。

从这个事例我们可以看出，这样的评价体系虽然主观评价的色彩很重，但是在类似场景下是一个有效简捷的方法。

12.3 多维数据的可视化

在多维评价体系中，客户满意度评价是一个典型的应用典范，客户会把他们在意的各种特性一一列举出来,对开发商进行评价,每个特性按照1、2、3、4、5这五个等级来给开发商打分，也可以用雷达图直观地表示出差别。

设计能力	开发能力	测试能力	业务知识	系统知识	品质管理能力	风险管理能力	流程管理能力	交流能力	人员动员力
3.5	4.5	4	3	4.5	4	3	5	4.5	5

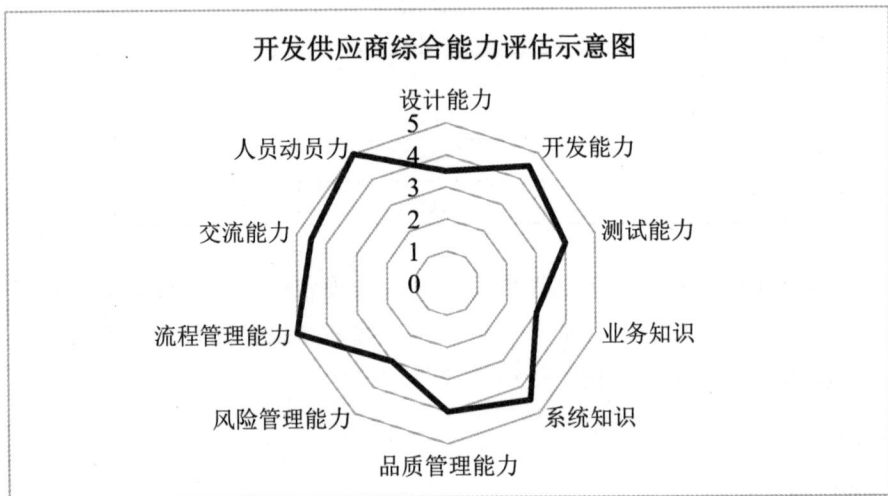

开发供应商综合能力评估示意图

在这里，我只是提供了一些职场中数字化与可视化的例子，具体情况还需要具体分析。在真实场景中，应用一般会更加复杂。但是，万变不离其宗，理解了数字化与可视化的思想和手法，很多抽象的事物都可以变得可测量、可评价、可比较。这就是可视化的真谛。

12.4　可视化与数字化

可视化与数据化，既可以作为评价手段，也可以作为管理方法，在实践中的应用非常广泛。譬如，在项目的进度管理中，我们也遇到过一些问题，虽然我们每天都在给客户报告进度，但是我们一开始没有统一基线，双方所理解的"完成"，不是一个标准。后来我们就给出了比较精确的定义，让全项目组的人都用一个标准来报告进度。以完成一本设计书为例，我们可以定义出以下四个阶段：

乙方的开发工程师写完设计书（乙方作业完成）　　定义为完成 40%

乙方开发组长评审完设计书（乙方一次评审）　　　定义为完成 60%

甲方的设计工程师评审完设计书（甲方一次评审）　定义为完成 80%

甲方的设计组长评审完设计书（甲方二次评审）　　定义为完成 100%

对于乙方团队来说，完成第四步，即甲方完成二次评审后，设计书才算真正完成。通过这样的人为定义，让每一个步骤都变得可测量、可比较。这样，甲方和乙方在对话时用同一个标准，认识上就不会有歧义。

12.5　定义独特的关键绩效指标

在实际工作中，我们还可以根据实际需要自己定义一些关键绩效指标（简称 KPI，是由英文 Key Performance Indicator 的首字母组成的）。这些人为定义的关键绩效指标可以帮助我们交流，或者方便我们的管理。在这里举两个小例子说明。

1. 文件纸张厚度（单位：米）

日本一家大型 IT 公司曾经是东京的纸张消费大户企业。公司经营层为了改善纸张泛滥的状况，在公司内部推行了无纸化办公改善活动，为了衡量纸张泛滥的程度，他们用"文件纸张厚度"作为关键绩效指标（KPI），意思就是用尺子去测量每个项目组打印出来的 A4 办公纸张摞起来的厚度。定义了这个新的关键绩效指标之后，全公司都用它去衡量纸张使用量，过去不好测量的内容变得可以测量、可以比较了，收到了非常直观的效果。这个 KPI 对公司的无纸化办公改善活动起到了促进作用。

2. 员工在席率

北京 ABC 公司服务过的另一家日本大型 IT 公司是一个具有万人规模的企业。该公司内部办公场地很大，但是仍然不够用，后来公司的业务改善委员会定义了一个新的关键绩效指标，即员工在席率。在席率就是指员工在自己座位上工作的时间在整体工作时间中所占的比率。测量结果发现，不少员工出差较多，在席率并不高。于是，公司根据统计数据开辟出更多的自由席位，配置上办公所需的标准设备和标准接口。这样，员工回到公司工作时，随时随地可以在自由席位上开始工作，既提高了工作效率，又减少了办公室座位空置时间，提高了办公场所使用效率。

12.6 本章小结

可视化与数字化是手段不是目的，在日常工作和生活中，我们每个人都可以根据需要，创造性地定义特殊的绩效考核指标。

关于可视化与数字化在实际中的应用，大家可以在自己的工作中不断思考，不断探索，不循规蹈矩，走出一条自己的路。

第三篇　职场商务**高 级**篇

　　德鲁克在他的《管理》一书中，引用了一个古老的谜题："如果森林中的一棵树倒了，而周围并无任何人听到，那么树倒下究竟有没有声音？"现在我们知道，这个谜题的答案是：没有声音。即使声波存在，除非有人接收，否则声音就是不存在的。这意味着必须有接收者，才能形成交流。

　　在这一篇里，我想和大家聊一聊职场交流，我们重点聚焦和工作相关的各种交流，如职场演讲与演示、商务交流与谈判、跨国职场的文化差异，以及职业健康心理学小知识。

第 **13** 章

商务交流要点

在工作、学习和生活中，人与人之间的各种交流必不可少。说到交流，自然会涉及交流的目的、内容和形式。另外，交流双方各自的特点，他们之间的差异及彼此之间的关系，所有这些都会影响交流的形式和效果。

首先，我把和交流相关的共通要素简单归纳整理如下：

- 交流的目的。
- 交流的参与者：交流各方人员，有何特点，彼此关系。
- 交流的方式、媒介及场景：面对面交流，远程会议交流。
- 交流的内容。

商务交流很多时候以会议的形式进行，有关会议的具体内容参见本书第8章。

13.1 交流的目的

交流的目的多种多样。具体到职场交流，主要是围绕着如何实现组织的目的和目标，或者是关于团队成员之间的沟通与碰撞。组织一般会根据自己的具体情况，确定实现目的的手段。在职场，商务交流的目的通常有以下几种：

- 传递情感，建立连接；
- 收集信息，交换意见。
- 统一思想，达成共识；
- 解决问题，形成决策。

一般而言，解决问题是商务交流的根本目的，问题不同，解决的方法和步骤自然也不同。譬如说，客户有不满投诉，或者产品及服务有缺陷，这样的问题紧急度比较高，需要尽快解决。针对这类问题，组织需要召集会议，挖掘问题的根本原因，商量紧急对策及长久对策，指定负责人和时间期限，解决客户的不满，改善产品及服务的缺陷。在这种场景下，交流的目的就是解决问题。

还有一些时候，组织内部发现了问题迹象或者潜在风险，如果问题尚处在早期阶段，紧急度可能相对较低，但是重要度可能很高。对这类问题可以有计划、有步骤、分阶段地解决。为了更好地解决问题，组织的相关负责人可能会收集信息，确定步骤，达成共识，再做出组织决策。在这个过程中，收集信息的目的本质上还是为了解决问题。

收集信息和交换意见是解决问题非常重要的步骤。组织的决策者有可能不了解最基层的问题和情况，通过交谈和会议等具体形式，有效地发现问题、解决问题，也是一般组织日常的运作方式之一。

2000 年前后，日本大型 IT 公司刚刚开始委托中国软件公司做大规模应用软件开发项目，由于双方存在较大的语言和文化差异，日本公司发现，在日本惯用的管理方法不能直接照搬到中国，照搬可能完全行不通。有一家日本知名 IT 公司派专家来中国和中方项目组成员一起开会，为了收集最真实的一手信息，改进工作方式，他们在会上拿着项目人员名单一一点名，让每个人发言，请每个人至少发表三条意见：你认为项目组做得最好的地方是什么？项目组最需要改进的地方是什么？你对日本的设计团队有什么期望，等等。通过这样的会议收集到了很多来自基层的宝贵意见。

在职场上，如果我们需要收集信息、发现问题、解决问题，这种方法很有效。

13.2　交流的参与者

交流自然涉及交流的参与者。有发出信息方和接收信息方。双方各自的特点，语言文化的差异，价值观和知识结构的差别，双方各自利益和情感诉求的不同，都会直接影响交流的效果，也会影响交流的形式，甚至是交流的内容。俗话说："知己知彼，百战不殆。"了解自己的交流对象是成功交流的第一步。

记得早年日本大型 IT 公司把项目委托给中国公司去开发的时候，由于双方语言文化差异巨大，双方都没有成功的经验，为了让大规模开发项目取得成功，他们的负责人要求项目的核心技术人员和中高级管理人员到中国频繁出差，在中国公司的开发现场进行设计书的讲解与说明，或者，进行管理思想的交流与碰撞。为了确保交流的效果，他们的具体做法也与在日本工作时截然不同。

· 他 山 之 石 ·

日本公司项目负责人在中日合作项目开发现场的交流要点：

- 要求日方员工用简单易懂的日语来交流，说话要放慢速度。
- 要求日方员工一定要采用书面的辅助资料，资料要简明易懂。
- 要求日方员工一边讲解，一边观察中方员工的反应。
- 讲解告一段落，就要询问是否有问题，如果有问题，就要耐心解答。
- 如果中方员工没有问题，他们就要反过来提问，通过问答来确认是否传达清楚了。

因为在合作项目中，设计团队是日本人，开发团队是中国人，双方团队分工不同，职责不同。为了确保项目开发成功，他们在交流上格外留意。根

据交流参与者的特点，即中方员工的语言文化特点，他们采用了完全不同于以往与日本工程师做项目时的交流方法。后来的事实证明，他们面向中国工程师的各种改进做法非常有效。

13.3　交流的方式、媒介与场景

全球一体化进程使得优势企业可以在全球范围内调配最佳资源。与此同时，远程通信的技术发展为我们的日常工作和生活提供了极大的便利，使我们的很多工作和交流可以足不出户就轻松地跨越国境，跨越时区，高效率地完成。

在当今的国际职场上，电话会议、电视会议、网络会议已经成为企业日常工作的常规交流方式，这类交流手段提供了高效和便利，但是，无论远程通信手段多么发达，都不能完全取代人与人面对面、一对一的交流。远程会议虽然可以实时交流，但是很难传递情感，有时图像的清晰度较低，声音的传输效果也不理想，还经常有时延，所以仍有其局限性。

为了弥补远程交流方式的不足，我们可以准备好比较简洁清晰的说明资料，不仅传递声音和图像，同时还共享文件。

关键的场合，我们还是需要面对面交流。我们可以把远程交流作为辅助性交流手段，多项并举，完成高效率沟通。

即使是面对面交流，也要看交流的场景。3～5人的小型会议室、20～30人的中型会议室、200～300人的中小型礼堂，带给参与者的交流感受截然不同，交流的效果自然也不同。作为交流中发起的一方要事前了解自己的交流对象和交流场景，灵活使用交流工具，让手段更好地为目的服务。

13.4　交流的内容

交流的内容是为交流的目的服务的，在职场中，商务交流的内容讲究真实性、可靠性、逻辑性、整合性。

在今天的职场上,借助 PPT 演示文稿的交流越来越普遍。无论载体如何,内容才是交流的核心。为了达成交流的目的,我们需要重视内容的真实性,信息来源的可靠性,要有根有据,我们提供的内容需要具备整合性和逻辑性,经得起推敲和质疑。

如果想成功地达成交流的目的,就一定要认真准备和推敲交流的内容。尤其当我们的对手都是行业专家时,没有逻辑、没有根据、不完整的资料很快就会被看出破绽;进入质疑环节,如果不能很好地回答问题,交流就很容易失败。交流的技巧固然重要,但是技巧终究是为内容服务的。

作为提供产品和服务的企业,我们经常需要给客户提交项目汇报资料,各种项目汇报会是我们的家常便饭。如果是一个项目的品质状况报告会,我们就需要提供该项目各个开发阶段的品质数据,进而对这些原始数据进行深入的分析,最终得出自己的结论,判断品质是否可靠,有无问题。如果发现还有问题,就要针对问题拿出相应的对策。有逻辑、有根据、有分析、有推理,进而得出结论,判断品质可否,如果需要,再进行适当的品质改进活动。

13.5　交流者的印象管理

心理学中有个概念叫作印象管理,有时又称印象整饰,是指人们试图管理和控制他人对自己所形成的印象的过程。这个概念是由加拿大的社会学家和作家欧文·戈夫曼在其《日常生活中的自我呈现》一书中提出的。他认为社会交往就像戏剧舞台,每个人都在扮演某个角色,在社会互动中每个人都竭力维持一种与当前社会情境相吻合的形象,以确保他人对其做出愉快的评价。

适当的印象管理是人际交往的润滑剂,可以使交往顺畅地继续下去,是人类文明的标志和个人修养的量尺。试图使别人积极看待自己的努力被称为获得性印象管理;而尽可能弱化自己的不足或避免使别人消极地看待自己的防御性措施则是保护性印象管理。

语言文字、行为举止、服装服饰、表情声音、语速语调都是印象的组成部分,也都是印象管理的对象。其实,企业对员工进行的培训和教育,譬如打电话、交换名片、职场服装服饰、行为举止、接待客户来访等要求和规范，都是企业印象管理的组成部分，目的是通过打造员工的形象来树立企业形象。

　　无论对公司还是对个人，印象管理都是非常重要的。职场人士注意个人形象，干净整洁，恭敬有礼，温和周到，既是自我修养的一部分，也是印象管理的一部分。譬如，日本客户到我们的公司进行工作访问，他们基本上都是西装革履，衬衫领带，很注重个人形象，早年我们有个别的项目经理，穿着圆领 T 恤衫就来参加给客户的汇报会了，在一片西服革履的环境下，就显得不那么和谐。

　　除了服装服饰和行为举止，表情也构成印象的一部分。情绪是人的主观体验，表情是这种主观体验的外部表现形式。人的表情主要有三种形式：面部表情、声音表情和姿态表情。

　　面部表情是一种十分重要的非语言交往手段。艺术家们往往会通过对人物面部表情的描绘，来表现人物内心的情绪和情感，展现人物的精神风貌。日常交流时，人们也经常通过面部表情与人沟通。

　　声音也是有表情的，一个人的音调、音色、音量、语速都能体现出个性，声音有时还能体现一个人的涵养和性格，尽管无形，但是仍然能够传达很多信息。譬如打电话的人如果面带微笑，传递出来的声音效果是不一样的。

　　姿态表情可分为身体表情和手势表情两种。身体表情是表达情绪的方式之一。人在不同的情绪状态下，身体姿态会发生不同的变化，如高兴时"捧腹大笑"，紧张时"坐立不安"，等等。不经意的举手投足可能就是姿态表情，表达和传递着我们的情绪。

　　我们的言谈举止都在展示我们，也在"出卖"我们。在交流中，面部、声音和姿态等表情因素都会起作用，需要我们适当留意，使得交流更加顺畅，帮助我们达成交流的目的。

13.6 资深咨询顾问的经验分享

资深咨询顾问程先生关于商务交流有一段非常精辟的总结，在此分享给大家。希望对读者们能有所帮助。

职场经验

要想赢得客户，需要做到五个字：诚、专、信、和、韧，具体含义如下：

一、"诚"即真诚，绝对不要试图欺骗客户，说假话是骗不了客户的；

二、"专"即专业，在方案制定、提案交流和成果交付等各方面要充分体现自身的专业性；

三、"信"即守信用，对客户承诺的事情，一定要兑现，比如，说好第二天交付项目方案，就一定要按时提交，如果确有特殊情况不能按时提交，一定要提前跟客户说明原因，明确新的交付时间节点，务必按时交付；

四、"和"即和气，不能因为做了专业的事情，就觉得自己很了不起，让人觉得高不可攀，而是要亲切随和；

五、"韧"即坚韧，谈成一个业务是非常不容易的，即使尽了最大努力，也可能遇到各种阻力和挫折，但不能轻言放弃，要有百折不挠的精神，精诚所至，金石为开，有很多业务都是在看似不可能成交的情形下出现转机，最后达成的。

在职业成长的道路上没有人能随随便便成功。职场人在工作中要拿出百折不挠的勇气，坚韧不拔的决心，再加上专业上的努力，假以时日，一定会逐渐成长为骨干和栋梁的。

第**14**章

职场交流要点

在大学时，我曾经读过戴尔·卡耐基写的关于人际交流的书，感觉受益匪浅。戴尔·卡耐基（Dale Carnegie）是美国著名人际关系学大师，美国现代成人教育之父，他还是西方现代人际关系教育的奠基人，被誉为 20 世纪最伟大的心灵导师和成功学大师。

戴尔·卡耐基利用大量普通人不断努力取得成功的故事，通过演讲和著书，激励很多人取得了人生的成功。戴尔·卡耐基在《如何赢得朋友并影响他人》一书中，曾经提出 6 条让别人喜欢的方法，具体如下：

- 真诚地对别人感兴趣；
- 真诚地微笑；
- 记住对方的名字，因为名字是一个人所有语言中最重要的声音；
- 做一个好的聆听者，鼓励别人谈论自己；
- 谈论别人感兴趣的事；
- 真诚地让别人感觉到他是重要的。

多年的全球化进程使得中国与世界的交流更加广泛深入，人员交往更加密切，很多人都有可能有机会与其他国家的人打交道，如果我们适当地借鉴国外的经验，对我们的工作学习，或者我们自身的成长都会有益。

在和美国人及日本人打交道的过程中，我感觉戴尔·卡耐基的很多建议都是有帮助的。结合多年的职场实践，在这里我想和大家分享一下自己的体会。当然，我们每个人都可以有适合自己的改良版，这需要我们在实践中不断摸索，不断积累，不断总结。我的分享就当是抛砖引玉吧。

14.1　真诚是一切交流的灵魂

任何交流，如果失去真诚，也就失去了意义。所谓真诚，就是我们确信自己所要表达和传递的东西。无论是通过文档，还是通过对话，只有当我们真心地相信自己所表达和传递的内容时，才是有诚意的。

人们可能因为成长环境不同、文化不同，导致思维方式不同，但是无论如何，真诚是一切交流的基础。所有的交流技巧，都是在真诚的前提下才会生效。如果我们没有足够的诚意，交流中有敷衍和虚伪的成分，那么对方很快就可以识别，双方的交流就不会有好的结果。

职 场 上

北京 ABC 公司开发部长杨小穆至今记得一次参加日本项目汇报会时的情景，在会议结束之前，日方项目负责人向中方项目组通报了一个人事变动的消息，他们决定由田中先生（有两年工作经验）担任一个开发小组的负责人，这个组对接的北京开发团队当时正好由杨小穆负责。

通报之后，日方项目负责人问中方有什么意见，杨小穆当时经验不足，非常直率。他说：田中先生工作时间只有两年，开发经验比较浅，中方项目组刚刚对上一期开发做了品质分析，缺陷总数是 88 个，其中 25 个是由田中先生的设计问题引起的，所以，对田中先生做项目组的负责人，中方有点担心。日方项目负责人当时说他们会安排人帮助田中，会议交流就此结束。

多年以后，这个日方项目负责人在杨小穆访日的时候请他吃饭，半开玩笑地说出了当时的感受。他说："我去过中国那么多公司，和很多管理层的人都交流过，敢于这样和日方项目负责人讲话的人，只有你一个！"

但是当时杨小穆的态度很真诚，而且他说的是事实，对方反而觉得他很可靠。杨小穆也恍然大悟，原来自己曾经那么"生猛"，还好客户看中了他的真诚，没有就此把他一票否决。

14.2　开放性问题

交流时如果提问，最好选择开放性问题。一般而言，如果愿意和对方交流，我们可以多问一些开放性的问题。至于提问技巧，可以不断学习。通过电视和网络视频，我们可以看到各种人物采访，采访者的提问就很有技巧，他们会用开放性问题引导受访者。一般的日常交流当然不需要那么高的专业水准，只需要让交流容易进行即可。

如果同事做了一个很好的演讲，我们就可以和同事说："你今天的演讲太棒了，你是怎么做到的？"这就是一个开放性问题。如果同事愿意说，我们就可以向他学习到很多东西，我们还可以在交流的过程中，了解对方是怎样一个人。

我在微信上读过一个幽默小段子，说的是理工科的男生和女生是如何交流的。文中讲到了两个人的对话，概括起来是这样的：

女生："你是做什么的？"

男生："我是程序员。"

这个话题就不容易聊下去了。那么怎样回答更容易聊下去呢？他可以这样说："我们给国外的客户开发应用系统软件，例如跨境电商平台，类似淘宝、京东那样的系统。"这样，对话就有了可以延伸的内容。

14.3　注意听说时间比例

在工作和生活中，如果我们稍加留意就会发现，很多时候，交流的双方都急于说出自己想说的话，表现出来就是抢着说话或者大声说话。一旦交流时有一方说话声音提高，就可能标志着交流已经开始出现问题，至少有一方想通过提高声调来引起注意，或者争夺话语权。出现这种状况时，交流的参与者就需要留意。

会话是有生命的，如果一方说得太多，另一方有可能会觉得索然无味。西方人说，上帝赐予我们一双耳朵和一张嘴，就是让我们多听少说。这个说法还是很有道理的，和客户交流时多听少说，收获更多。如果我们和客户的交流形式是一场汇报会，我们可以用 30%～40% 的时间来报告，剩下的时间留给客户提问或者发表意见。

14.4　做主动发出信息的一方

成为主动发出信息的一方，可以传递出一种交流的愿望和诚意。

如果我们出国旅游，会发现在很多国家，在餐厅吃饭时，服务生一般会这样打招呼："你好吗？""我有什么可以帮你？"或者说："今天天气真不错。"这些话就是开启一个对话的最佳方式。尤其是谈论天气，在任何文化背景下，都是非常安全的选择。

在日常交流中，我们可以很自然地把看到的变化说出来。譬如，同事休假后回来上班，你看到他晒黑了，你可以主动说："你晒黑了，假期去哪里玩了？"这可能就是一个轻松交流的开始。

再如，早上到公司，同事之间见面互相问候时，可以再多说一句"今天天气……""今天交通……"遇到善于交流的人，你主动发出信息，多说一句话，可能就开启了一段对话，这是建立交流的最简单有效的方式。如果对方没有积极回应，我们也没有任何损失。

我们在工作场合和客户初次见面交流，事后发一个礼貌的邮件，表达"认识你很高兴，今后请多关照"等，没有谁会不高兴收到这样的邮件，这可能就是一段愉快合作的开始。

职 场 上

北京 ABC 公司项目经理杨小穆早年就职于日本东京的一家美国公司，有一次，因工作需要，杨小穆去波士顿总部出差。杨小穆在东京的老板是个英国人，他是个非常优秀的工程师。他和杨小穆一起飞到了波士顿，第一天，他带杨小穆到每个人的办公室，把杨小穆介绍给所有工作上相关的人，第二天老板就因公离开了波士顿。他给杨小穆的任务是，除了工作，要去主动和别人交流，要让总部的同事认识他并记住他，这样，等回到东京以后，工作上如果有问题，发邮件请教他们时，人家认识他才更乐意帮助他。

波士顿总部的办公室不同于日本办公室的大开间，美国的工程师们一人一个单间。当然，上班时间大家基本都开着门。杨小穆虽然也不是很自信，但是他还是鼓起勇气走进美国同事的办公室，和他们打招呼并且聊上几句，也让他们认识自己。每次去主动结交一个人，他都需要鼓足勇气，因为害怕被拒绝或者冷场，内心也曾诚惶诚恐。杨小穆后来发现，其实大家都很友善，交流也没有他想得那么困难。

杨小穆到了一位印度裔工程师的办公室，看到墙上挂着一幅精美的印度挂毯，杨小穆就和他谈起印度挂毯的话题，印度裔同事显然很愿意讲述自己国家的文化。到了一个女工程师的办公室，她桌上摆放着一家人的照片，照片上一家人看起来很幸福，家庭就自然而然就成了杨小穆和她的话题。有一个美国同事刚刚生了双胞胎儿子，杨小穆就和大家一样恭贺他喜得双胞胎，他很高兴，还把两个婴儿的照片和视频找出来给杨小穆看，这个交流自然而然就很顺畅。还有一个工程师，虽然是初次见面，但是以前曾经通过邮件帮助杨小穆解决过客户问题，所以，杨小穆去他的办公室时特意就此表达了感谢。

杨小穆出差两三周，和美国工程师团队相处愉快，临行前他们还给杨小穆安排了告别午餐会，项目组的人都来参加，为杨小穆送行。回到东京后，东京公司的老板说："在波士顿你很好地融入了团队，给大家留下了好印象"，杨小穆听了非常开心。想起当初的诚惶诚恐，他觉得这次克服胆怯、主动交流的经历让自己得到了很好的锻炼。

总之，打招呼不是简单地说"你好"，话题没有一定之规，自然就好。而能够像杨小穆那样与不同的同事找到不同的话题，也需要我们细致观察，并在平时注意生活的积累。

14.5　微笑和目光接触

很多时候，微笑是最好的语言。语言和文化不同时，微笑更具有一种不可思议的力量。有时候，互不相识的员工在楼道或者电梯相遇，微笑和目光接触就是一种善意的表达，会传递出一种积极友好的信息。如果故意回避，要么目光躲闪，要么面无表情，就会传达出一种我不想和你交流的信息，这样的信息会关闭交流的大门。

职 场 上

资深管理咨询顾问程先生在美国 IT 公司工作过，他发现美国的同事看起来自然友好，见面时会微笑打招呼，认识不认识都说一声"嗨（Hi）"。在公司内部有个咖啡空间，各种咖啡茶点一应俱全，大家来喝咖啡的时候，说一句"你好吗?"，聊一聊天气，聊一聊咖啡，聊一聊自己的周末，或者手里正在做着的事，交流自然而然就开始了。

※ ※ ※ ※ ※

北京 ABC 公司项目经理刘小明曾经在日本工作过一段时间，他认为，和西方人相比，日本人属于东方文化圈，内敛含蓄的类型相对较多，和他们打交道时，刘小明喜欢做主动交流的那一方。他说："我们不需要和所有人成为朋友，但是，就一般交往而言，态度开放，真诚友好，并没有那么难。有了这样一个基本的态度，生活中很多时候我们都可以练习和尝试与人交流。"

刘小明刚刚开始在日本工作时，因为日语不好，交流不自如，一般都不会主动和人打招呼，后来有人主动和他打招呼，在工作中关照他，他也开始试着回应，试着和他们交谈，渐渐地就习惯了。刘小明从中慢慢领悟到，微笑和目光接触可以传达交流的信号，我们对待他人的态度会通过我们的言谈举止不经意地传递出去，即使外语不佳，对方也很容易感受到。

14.6　及时表达赞美和感谢

当人们得到赞美和感谢时，如果赞美是真诚的，感谢是由衷的，心中会感到温暖和愉悦；如果接受了他人的帮助，感受到他人的美好，及时说出来，没有人会不高兴。所以，我们不要吝啬赞美和感谢。我们东方人性格偏向含蓄内敛，及时表达感谢和赞美也是需要修炼的，这同样是一种美德。

赞美和感谢的内容越具体，态度越真诚，交流的效果越好。

譬如说，你告诉同事，他今天的演讲声音洪亮，吐字清晰，真的很棒。这个赞美就很具体，不空洞，对方听了一定会高兴的。

拜访客户时受到了对方的款待，事后发一个感谢的邮件，可以说：

感谢您百忙之中，安排时间和我见面

感谢您招待我美味的料理

感谢您教会我做项目计划

……

14.7　记住别人的名字

记住他人的名字，有神奇的功效。在电影和小说中，我们都曾看到过类似情节，在生活中，我也有过很多次的经历，都印证了这一点。卡耐基的话真是很有道理。

影片《穿普拉达的女王》是一部经典的职场电影，由梅丽尔·斯特里普，安妮·海瑟薇等联袂出演。影片讲述一个刚离开校门的女大学生，进入了一家顶级时尚杂志社当主编助理的故事。影片中有这样一个情节：重要行业聚会前，梅丽尔·斯特里普饰演的顶级时尚杂志社主编让自己的两个年轻助理根据照片记住参加会议的嘉宾姓名，聚会过程中，安妮·海瑟薇饰演的年轻助理提醒自己的老板重要客人的名字，成功地帮助老板化解了尴尬。其实，电影中这个情节非常真实，什么行业都会有类似的情况。重要的是，人们愿意自己的名字被记住，愿意感觉到自己是重要的。友好的关系可能从记住他人的名字开始。

20 世纪 90 年代，我进入一家日本公司从事软件开发工作。上班第一天中午，同组的 8 个同事我和一起吃饭，算是对我表示欢迎，因为是第一天，他们每个人都做了自我介绍。第二天吃午饭之前，我回忆了一下头一天的情景，复习了一下他们每个人的名字。没想到，吃午饭的时候还真有一个同事问我："你记住我们这么多人的名字了吗？"我环视他们每一个人，一一说出他们的姓名，我看出他们挺意外也挺高兴。他们可能没想到，我这个日语还不利索的外国人居然记住了他们 8 个人的名字，这为我们后来一起共事打下了良好的基础。这是我的切身感受，记住别人的名字，会让他们高兴。外国人的名字不好记，所以要稍微用心一点。

关于交流，每个人都有自己的经历和感受，我们可以一边学习别人的经验，一边积累自己的经历。在交流时要遵循基本的商务礼仪。商务礼仪的本质是让人学会如何为他人着想，以此营造一个大家都感到适宜的交流氛围和环境。但是，交流毕竟带有非常浓重的个人色彩，人与人千差万别，这也是大千世界的精彩之处，按照自己的风格，跟随自己的内心感觉，真实自然，关系才能持续长久。

第 **15** 章

职场演讲

演讲是交流的一种特殊形式，具备交流的全部特性，关于演讲，各种书籍资料不胜枚举，各类技巧秘诀不绝于耳，演讲到底应该怎么做，可谓仁者见仁，智者见智。在这一章里，我和职场人交流分享一些在商务场合做演讲时的注意事项和小技巧，抛砖引玉，供大家参考。

15.1 从《老残游记》看高手的技巧

不知道大家是否读过清末小说家刘鹗的小说《老残游记》，这本书内容丰富，艺术成就很高，被翻译成多国文字，还被联合国教科文组织认定为世界文学名著。

在《老残游记》第二回中，作者用了不少篇幅描绘大明湖畔的说书美人黑妞和白妞说书的场景。书中白妞登场说书之前有一段描写精彩生动，我们不妨一起来读一下。

只见那后台里，又出来了一位姑娘，年纪十八九岁……那双眼睛，如秋水，如寒星，如宝珠，如白水银里头养着两丸黑水银，左右一顾一看，连那坐在远远墙角子里的人，都觉得王小玉（白妞）看见我了；那坐得近的，更不必说。就这一眼，满园子里便鸦雀无声，比皇帝出来还要静悄得多呢，连一根针掉在地下都听得见响！

《老残游记》寥寥几笔，就使得白妞登台时不动声色却夺人眼球的场景跃然纸上，为我们刻画了一个演讲者登场时的成功范例。虽然这只是小说，但是，这里面既巧妙地蕴含了演讲者的技巧，又从侧面反映了演讲者的个人魅力。

回到我们的现代职场，一般而言，日常的各种会议交流免不了各式各样的演讲，其中，借助 PPT 幻灯片辅助演讲几乎成了最常见的演讲手段。

15.2　商务演讲常见问题

在职场上借助 PPT 幻灯片辅助演讲时，经常会出现哪些问题呢？我们一起来看一看。

1. PPT 幻灯片充满文字，让听众边听边读

心理学研究表明，一个人如果同时摄入文字和语音的信息，其处理信息的难度会大大增加，也就是说，人们很难在同一时间边听边读。一个演讲者借助 PPT 幻灯片本身并没有错，但是，如果把要说的内容都写在 PPT 幻灯片上，让屏幕充满文字，观众就会很辛苦，演讲的效果会大打折扣。我们很多人都看过带字幕的电影，我相信大家多少都会有一些体会，当我们专注看字幕的时候，就很容易忽略大屏幕的许多细节，所以，演讲时 PPT 幻灯片上的文字越少越好。

职 场 上

　　北京 ABC 公司开发部长杨小穆有过一次失败的教训。有一次杨小穆在几百人的礼堂演讲，事后有同事告诉他说：他的 PPT 幻灯片文字太多了，这位同事坐在最后一排，根本看不清楚大屏幕上的字。

2. 会场熄灯，演讲者与听众缺乏交流

　　演讲者之所以要面对听众做演讲，就是要传递思想，表达情感，就需要和听众有互动和交流。PPT 幻灯片只是一个辅助手段，一旦舍本逐末，专注于 PPT 幻灯片，忘记了与听众交流，这样演讲就不会取得很好的效果。

职 场 上

　　在一次演讲之前，有人好心地替项目经理刘小明把会场的灯熄灭了，结果刘小明根本看不清楚听众的脸，不能精确地把握现场的反馈，交流的效果很不理想。这次经历使刘小明体会到，与屏幕清晰度相比，演讲者与听众的交流才是更重要的。

3. 讲演内容抽象，听众不知所云

　　前文曾经提及，表达赞美和感谢时越具体越有效。其实，演讲也是一样，如果内容抽象，晦涩难懂，就会显得不接地气，很难吸引听众。

4. 把 PPT 文件发给听众

　　PPT 文件只有通过个性化的演讲才有意义。演讲时屏幕上展现的 PPT 文件通常由大标题、小标题、文本框、图片和图表组成，是演讲者的演讲大纲。

演讲时的具体内容对应的文案是讲义（演讲稿）。PPT 文件离开演讲者的演讲，就会变得枯燥无味，所以，我们一般不必给听众发放 PPT 文件。如果需要，可以给听众发放讲义，这样，他们可以在听演讲时专注于演讲内容本身，而不必忙着做笔记。

15.3　好的商务演讲有什么特点

一个好的商务演讲都该具备哪些特点呢？根据以往成功的经历和失败的教训，我梳理出以下特点。

1. 少就是多，简洁为上

在商界有一个流传甚广的"30 秒电梯理论"。传说麦肯锡公司曾经为一家重要的大客户做咨询。咨询结束的时候，麦肯锡公司的项目负责人在电梯间里遇见了对方的董事长，该董事长问项目负责人："你能不能说一下结果呢？"由于该项目负责人没有准备好，他无法在电梯从 30 层到 1 层的 30 秒内把结果说清楚。最终，麦肯锡失去了这个重要客户。从此，麦肯锡公司要求员工凡事要在最短的时间内把结果表达清楚。这个例子告诉我们，好的商务演讲应力求简洁。

2. 出其不意，赢在意外

乔布斯（史蒂夫·乔布斯）是一代科技天才，他创立了苹果公司，成功地开发出多种产品，广受欢迎。他通过他的产品表达着他的理念，改变了人们的生活。乔布斯还是出色的演说家和营销大师，它的产品发布会被人津津乐道，成为不可复制的经典。

在一场全美瞩目的"超级碗"（Super Bowl，是美国职业橄榄球大联盟的年度冠军赛，胜者被称为"世界冠军"）年度赛事中，场间休息，在屏幕上插入了苹果公司的广告。第一个瞬间，居然是黑屏。黑屏的短暂持续成功吸引了在场所有人的注意，这时候，苹果公司的广告正文才出现。短暂的黑屏收到了意想不到的展示效果，这个广告成为人们津津乐道的营销经典。

这样的广告创意也值得我们在商务演讲时借鉴。

3. 表达情感，张扬个性

一个成功的演讲者会在他的演讲中表达出情感和个性。听众会通过他的演讲了解他是怎样的一个人。除了专业的知识以外，个性和情感的适当表现也是演讲成功的关键。

职 场 上

有一次，一位外籍专家专程来中国，给北京 ABC 公司高级项目经理做培训。待会场安静之后，他声音洪亮、面带微笑地用中文对大家说，"你们好！"他的中文虽然是刚刚学的，还略显生硬，但看得出他是满怀诚意、精心准备的。这句意外的中文，一下子活跃了气氛，赢得了中方员工的好感，拉近了演讲者和听众的距离。最后，培训结束时，他又用刚刚学习的汉语给大家朗诵了一首唐诗，再次赢得了大家热烈的掌声。

在这个事例中，第一次来中国的外籍专家用中文和大家打招呼，用中文给大家朗诵唐诗。他为这个演讲做了充分的个性化准备，从他的准备工作，尤其是工作之外的准备中，可以看出他的诚意。当然，他的演讲获得了意想不到的成功，他的专业水平也获得了中方项目经理们的一致好评。

4. 有理有据，令人信服

演讲一般都是通过传递信息来表达情感和观念的。为了达到目的，自然内容是核心，内容本身要具有说服力，令人信服。就如同我们学习写作议论文一样，论点、论据和论证一个也不能少。我们提出的观点需要有理论依据，还需要有实事、有数据、有事例、有分析支持我们的观点，最后再印证我们的结论。一个成功的演讲，内容必须是令人信服的，有说服力的。我们可以自上而下展开，先说结论，再说推导过程；也可以自下而上反向操作，从个例总结出规律，再推广到一般。但是，论据要充分，尤其是数据要准确。

在商务交往中，有理有据至关重要。我们经常需要提交各种原始数据，然后根据原始数据进行定量和定性分析，最终得出结论。当然，我们还要接受对方专业人士的询问和质疑，交流的内容不能有半点虚假，不能敷衍。

举一个最浅显的例子，如果我们给客户汇报，说公司定期做了技术培训，那我们就要拿出培训记录，培训时间，记录内容（包括培训地点、培训内容、参加者签名、阶段性培训效果评价），以及参加者的意见反馈等。只是简单地说我们进行了技术培训，会显得不具体，不够令人信服。

5. 通俗易懂，讲好故事

职 场 上

某客户公司有一个资深的系统工程师，他在北京出差期间，给北京 ABC 公司的员工上了生动的一课。他本来是要给大家讲 PDCA 循环的。为了把这个概念讲解得简单易懂，他选择了自己减肥的事例：一开始如何制订减肥计划（P）；然后自己每天如何按照计划实施（D）；每天定量运动，控制饮食，用体重计如实记录结果（C）；如果检查结果不理想，如何加大运动量，减少饮食（A），控制热量摄入。如此坚持 PDCA 循环，半年内成功减肥 8 公斤。

经过演讲者以自己的故事为例非常接地气地讲解之后，所有员工都听懂了如何在工作中遵循计划—执行—检查—处理的流程，理解了 PDCA 循环这样一个专业的概念。这个演讲非常接地气，它还给了我们内容之外的启示，那就是我们需要在演讲的方式上下功夫，讲好故事或许是最佳境界。

6. 烂熟于心，了如指掌

在演讲过程中有时会发生意外。为了不影响效果，就要求演讲的人对自己要讲的内容烂熟于心，了如指掌。如何做到呢？以下几点或许有用：

首先，最好把要演讲的内容写出来。写出来的好处很多，譬如，写作的时候，我们需要思考逻辑，需要推敲文字，动笔写下要讲的内容，写作的过程就是整理思路的过程。也许我们做不到出口成章，但是，如果我们能把要说的话写出来，经过推敲梳理的文字自然而然就成了文章。

其次，作为练习，我们可以把自己要演讲的内容讲出来，并且录音，自己听一听效果。在听的过程中，我们会发现各方面的问题，如语气是否得当，文字是否通顺，表达是否流畅，语速是否适宜等。而且，录音的过程既是练习的过程，也是检验的过程。通过录音，我们还可以发现演讲稿的问题，继续润色修正文字。

最后，我们还可以在日常生活中有意识地加强练习，提高口头表达能力。譬如，我们可以把看到的风景、经历的事件、自己的情绪和感受用通俗易懂的语言表达出来，说给家人和朋友听，甚至是说给自己听。

如果演讲之前我们做了如此充分的准备，那么，我们自然而然会对自己要讲的内容了如指掌，遇到问题就不会慌乱了。

职 场 上

有一次，一位外籍资深专家来中国给北京 ABC 公司的项目经理做演讲，途中投影仪出了问题，不能正常显示了。公司的技术人员连忙鼓捣投影仪，想在现场帮他解决问题，但一时半会儿没能奏效。这位专家非常自然地走向讲台的另一面，在白板上一边写出关键字，一边继续他的演讲。非常自如，就像什么都没有发生一样。他能做到从容不迫，遇事不慌，是因为对演讲内容了然于心。最后，虽然投影仪并没有修好，演讲还是取得了圆满的成功。

我想，他之所以能做得这么好，除了因为演讲经验丰富之外，还缘于他对自己的演讲内容了如指掌，对他来说，PPT 文件只是辅助工具，即使工具失灵了，他的演讲内容也一样精彩。

15.4 演讲之前的思考

如果你需要做演讲，先问问自己以下的问题：

- 我演讲的目的是什么？
- 我演讲的核心内容是什么？
- 听众是谁，他们有什么背景，他们希望通过演讲获得什么？
- 我有什么特色，我能带给听众什么与众不同的体验？
- 演讲历时多久？
- 演讲现场什么样？

对演讲现场的把握很重要，在几百人的礼堂里演讲与在七八个人的会议室里演讲的感觉是完全不同的，要根据会场情况调整演讲方式和风格。

对演讲时间的掌控也非常重要。有时候一个会议可能有多个人发言，你的演讲只是其中之一，前后都有他人演讲。所以，要对自己要讲的内容了如指掌，既可以 10 分钟讲完，也可以半小时讲完，善于随机应变，灵活调整。

演讲者要有自己的特色。演讲者与众不同的人生体验、性格特征、思想感情等才是最容易打动听众的。

15.5 熟能生巧

我们知道，经常练习，熟能生巧。电影《国王的演讲》获奖无数，广受好评。该电影讲述了英国国王乔治六世和他的语言治疗师莱纳尔·罗格（Lionel Logue）的故事。"二战"前夕，希特勒野心勃勃，欧洲阴云密布。乔治六世的哥哥爱德华八世为了娶辛普森夫人放弃了王位，于是乔治六世很意外地被推上了国王的宝座。

但是，乔治六世的前半生都活在父亲与哥哥的阴影下，他患有很严重的口吃，发表讲话时十分吃力。幸运的是，贤惠的王后伊丽莎白为丈夫找到一位与众不同的语言治疗师莱纳尔·罗格。经过一系列的治疗和训练，国王的口吃大为好转。"二战"爆发之际，乔治六世成功地战胜了自己，发表了著名的圣诞讲话，鼓舞了"二战"中的英国军民。

在电影《国王的演讲》中有这样的细节：口吃的乔治六世第一次去见语言治疗师的时候，情绪很低落，也很绝望，认为自己说每一句话都很困难。后来，他第一次听到自己的录音，发现原来自己也能流利地讲出完整的一句话，这让他增强了说话的信心。

平日里经常练习，尤其是把自己想说的内容录下来再听，这有助于我们提高自己的说话能力和演讲技巧。我们很多人害怕在大庭广众面前讲话，但是天生的演讲家终究是少数。其实普通人，甚至口吃者也可以通过练习成为优秀的演讲者。

我记得十几年以前在日本书店翻过一本巴掌大的小书，书名和作者名我都不记得了，只记得作者是个日本企业家，他的企业有几百人。他不擅长讲话，特别是不擅长当众讲话，但是他的工作免不了需要当众讲话。一开始他经常请别人代劳，后来他发现，这样做不能很好地传递他的思想和情感，于是决定练习演讲。

他的练习方法是：每天用自己的语言描述看到的风景，将发生在自己生活中的事情和自己的感想说给家人和朋友听，说不好就写下来再说。长期坚持，日积月累他就变得爱说能说了。起初他被请上讲台时，还是会紧张，于是，他试着给听众讲述他的紧张心情，说着说着，他就不紧张了，就可以开始说自己想说的话了。

无论是来自英国的历史人物乔治六世，还是来自日本的中小企业主，他们都是通过练习克服自己的胆怯，最终成功地战胜自己，在大庭广众面前，发表讲话表达自己的。我们也可以向他们学习，找到适合自己的方式方法，成为一个可以在他人面前自如地表达自己思想和情感的人。

第 **16** 章

商务谈判

商务谈判是职场上的一种特殊形式的交流。商务谈判具备人际交流的所有一般特性，同时，又具有一些特殊性。这一章，我们以面对面的商务谈判为例，聊一聊商务谈判特殊在哪里。

心理学家梅拉宾在 1971 年提出梅拉宾法则（The Rule of Mehrabian）。梅拉宾法则指出，一个人对他人的印象，约有 7%取决于谈话的内容，辅助表达的方法如语气、语速、声音、声调等听觉信息占了 38%，肢体动作及态度表情等视觉信息所占的比例则高达 55%。

梅拉宾法则告诉我们，当人们面对面交流时，有很多语言之外的信息在起作用，这是非面对面交流所不具备的特点。交流者的态度、肢体语言、声音表情都在传达信息，这些信息有时候可能比内容本身更加重要，会影响交流的走向。如果是商务谈判，就可能影响谈判的结果。

了解当面交流的特点，了解自己，感知对手，对于在商务谈判中获取主动权至关重要。如果我们内心轻视对方，那么，对方一定可以从蛛丝马迹中看出端倪，交流可能就会不顺畅；如果我们内心紧张不自信，对方也可能精准感知，并有可能利用我们的弱点来获得更加主动的立场，取得谈判的优势。

16.1　创造双赢局面

商务谈判自然涉及参与谈判的双方（或多方），有时可能是一对一，有时可能是一对多，有时还可能是多对多。当然，谈判参与者越多，交流的路径越多，交流也会变得更加复杂。

古人云，知己知彼，百战不殆。事前了解谈判对象是谁，有什么气质和特性，对于谈判的成败至关重要。同时，深入了解队友有助于团队协作，优势互补，更好地达成目的。

重要商谈，最好要事前演练。谈判的宗旨要全队共享，可以约定最高标准和最低标准，事前做好备选方案。最好有人唱红脸，有人唱白脸，不至于一言不合就谈崩。万一队友犯错误，也不要互相责怪，更不要当着客户的面互相反驳。

商场如战场，情况瞬息万变。如果情况没有进入我们预期的轨道，就需要随机应变，可以适时抛出备选方案，让谈判可以继续下去；或者适当叫停，暂停可以给双方一个回旋的余地，重新思考战术，甚至调整策略。

就一般的商务谈判而言，要谈的无非是围绕着产品和服务的各种条件，如项目的时间、成本、品质、利益等。客户会在意品质和效率，希望多快好省，既要获得项目上的成功，又要获得商业上的利益。与合作的客户创造双赢局面，才是长久之道。

从以往的经验看，在商务谈判之前，经营团队就要把项目成本和盈亏临界点告诉自己的谈判团队，让他们知道谈判的底线是什么。

甲方有项目需要开发，他们可以选择的开发供应商可能比较多。所以，作为乙方的开发供应商，如果想在商战中胜出，在商谈中既要有过硬的专业技能，又要有一定的谈判技巧；既要能把项目做好，还要能帮助公司争取合理的利益。

职 场 上

北京 ABC 公司经过多年的对日开发实战磨炼，团队越来越成熟了，他们手里负责的客户业务规模也越来越大了。但是，人民币不断升值，利润已经越来越低，另外，北京 ABC 公司地处北京，人工成本也不断上升，软件外包行业的传统经营模式受到了挑战，多年不变的每人每月的单价金额迫切需要向上调整。

他们的主要客户日本 X 株式会社也明白这个状况，但是这毕竟关系到企业的商业利益，他们不愿意调整。他们强调："你们提供的服务并没有变，你们的效率和品质也没有变，仅仅因为汇率变了，你们就要求提高单价，这不合理，以前汇率好的时候，你们赚了很多，怎么就不说了呢……"他们说得也很有道理，该怎么谈呢？

北京 ABC 公司的大客户经理李小冰对一线比较熟悉，他告诉客户说，在北京 ABC 公司内部的开发团队中，目前，对接贵公司的团队采用的不是最先进的高水平管理模式。高水平管理模式需要更合理的成本，只有项目价格更加合理，对接贵公司的项目团队才有余力落实新管理模式。接下来，李小冰介绍了高水平管理模式的具体做法。这个谈法奏效了，客户很快答应了调整单价的请求，前提是北京 ABC 公司采用最先进的高水平管理模式管理项目团队。这是一个双赢的谈判结果。

当然，真实的商场瞬息万变，商务谈判没有万能的方法。我们能做的是尽心尽力做好本职工作，成为行业专家，让客户一直需要我们，只有这样，在商务谈判中才有可能有筹码，才有可能实现双赢。

16.2 精准提问，掌握主动权

一般的商务谈判通常涉及利益的分配，条件的交换。交流双方之间的关系，影响着双方谈判的话语权。一般来讲，交流双方的权力是不均等的，拥有更多权力的一方，在交流中占据主动地位。在项目的甲方和乙方的关系中，甲方是投资方，有更多的话语权。

以对日软件外包行业为例，作为发包方的日本公司和我们中方开发供应商的关系就是甲方（客户）和乙方的关系，客户给我们提供业务，我们给客户提供产品和服务。客户如果对我们不满意，就有权力停止我们的契约，中止和我们的合同，所以，客户满意是我们的首要原则，因为这关系到企业的生存。客户也很清楚这一点，有时候，我们的服务没有达到客户要求，他们作为更有话语权的一方，偶尔也会有一些情绪性表达，譬如开会中途拍案而起，摔门而出；电话中相谈不欢，简单粗暴地中止对话……这些我们的项目经理们都经历过。

作为谈判中相对弱势的一方，要尽心尽力做好本职工作，尽量避免出现这种尴尬的情况。万一出现了，也不要情绪化，要用专业的服务来化解矛盾，最终赢得客户的信任。一次谈不成，不代表永远谈不成，可以迂回曲折，总结经验，继续尝试，不要轻言放弃。

参与谈判的当事人要知道，对方的情绪不一定是针对你本人，可能是针对工作，甚至是针对组织的。当事人作为组织的代表，要很好地化解对方的不满和情绪，让双方尽快回到正常交流的状态中。在沟通过程中还要注意分寸，没有做错事就不要去道歉。即使双方权力不对等，精神上的对等和专业上的势均力敌也可以帮助我们赢得谈判的主动权。

虽然谈判中我们可能不是更有话语权的一方，但是精准提问可以帮助我们表达意见，掌握主动权。

职场上

北京 ABC 公司大规模的项目开发刚刚启动，开发团队单月就有 150 多名开发人员，项目周期一年多，这个项目的规模超过 1800 人月（人月是软件工程等工程项目中常用的工作量的计量单位，"人"指项目团队人员，"月"指时间，1 人月理论上表示一个人在一个月的工作量），属于较大规模的新项目。由于日方的项目经理比较年轻，经验不足，很多问题开始显露端倪。北京 ABC 公司项目经理杨小穆知道日方项目经理的问题，又不好直接说，甚是烦恼。适逢日方部长带领日方项目经理来中国访问，交流时间只有一天，杨小穆决定试一试。

吃饭的时候，日方的部长和项目经理都在，杨小穆以聊天的口吻说，能不能问竹下先生（日方项目经理）一两个问题，对方欣然应允。杨小穆问："在您过去担任项目经理的项目中，按照人月来计算，规模最大的是多少人月？"日方项目经理竹下先生回答："大约 300 人月"，杨小穆又继续问道："那是新项目呢，还是维护项目？"竹下先生回答说："是维护项目。"

对话至此，已经有了结论，日方项目经理竹下先生以往的职业经历，不足以判断他能够驾驭好这次接近 2000 人月规模的新项目。日方部长当然是聪明人，回去之后，很快就换了一个经验丰富的项目经理。

杨小穆的这种交流方式，虽然有一点犀利，但是，双方都是专家，都能够据此做出正确的判断。虽然北京 ABC 公司是乙方，不如甲方更有话语权，但是北京 ABC 公司的意见是有道理的，所以日方的部长还是接受了杨小穆的意见。毕竟，他也不希望自己的项目出问题。

16.3　谈判中的登门槛效应

登门槛效应又称得寸进尺效应，是指一个人一旦接受了他人的一个微不足道的要求，为了避免认知上的不协调，或者为了给他人留下前后一致的印象，就有可能接受更大的要求。

心理学家认为，在一般情况下，人们都不愿接受较高较难的要求，因为它费时费力又难以成功；相反，人们却乐于接受较小的、较易完成的要求。

在商务谈判时，我们可以利用登门槛效应对人的心理影响，先向对方提出较小、较容易实现的要求，在对方接受并实现后，再进一步提出较高的要求。

16.4　不要视而不见，听而不闻

我们常说的"心不在焉"，还有"视而不见，听而不闻"，这些说法都出自《礼记·大学》。从心理学角度讲，人类的注意具有选择性，人们只会注意自己愿意注意的东西。商务谈判作为一种特殊形式的交流，谈判时一定要知道对方的真正关切所在，要抓住要害，否则商务谈判很难取胜。

在全球化日益深化的今天，我们常常需要跨国交流，不同语言文化的人在一起工作，会有很多交流上的困难。以我们对日软件外包领域为例，我们经常和日本客户打交道，会渐渐明白，日本文化和日语有含蓄委婉的特点，交流中要注意理解他们的真实含义。

我们在内部会议上也许会注意到，有时候对话双方各说各话，各有各的逻辑，谁都没有顺着对方的思路走，根本不能达成交流的目的。如果在涉外商务谈判中出现这种情况，则可能会造成要么客户作为甲方利用甲方的权力让你就范，要么客户觉得不值得和你理论弃你而去。失去客户就意味着交流的失败。

总之，商务谈判时需要我们保持敏感，时刻不忘交流的目的，注重交流的效果，把握对方的想法和感受。如果一时半会儿不顺利，也不要轻易放弃。如果自己做得不够好，就深挖原因，改善提升自我，争取创造下一次机会。

16.5　掌握一手信息，用事实说话

合作双方可以谈判的前提，是彼此各有所求，谈的无非就是权力、利益和条件。商场上利益之争在所难免，双赢才是最高境界。很多时候，如果我们的交流技巧不足，用事实说话就是非常行之有效的办法。

我们中国的开发供应商和日本的开发团队的职责分工是十分明确的，通常是对方做设计，我们做开发。我们做开发的依据是日方提供的开发设计书，如果设计书品质不好，我们按照设计做开发，有时候未必能发现问题，但我们还是可以通过开发过程中的一些蛛丝马迹发现端倪的。

如果我们开发团队提出的问题比较多，而对方接到问题之后就频繁修改设计书，那么，这种现象就表明日方的基本设计品质不佳。这时，我们不能只是口头上说"你们的设计有问题"，我们要拿出数据，有数据支撑的结论才更加具有说服力。

当然，我们也经历过失败的情况。每一次失败都值得反思和学习，都是通往成功道路的必经之路。

职场上

北京 ABC 公司某大规模项目开发正在如火如荼地进行中，日方做设计，北京 ABC 公司做开发。但是开发过程中项目经理刘小明发现，需求变更大量发生，严重影响了开发进度和品质。于是刘小明想向日方的项目经理要求变更产生的额外费用。

杨小穆作为项目负责人很想帮助刘小明。他告诉刘小明，要求对方支付变更产生的额外费用，需要提交变更一览表，每个变更需要改多少本设计书和多少行程序代码、代码规模多大、修改使用了多少资源、花费了多少时间，所有这些信息，要有根有据、定量定性、全面分析整理后才能给日方提交费用请求报告。但是刘小明居然拿不出变更一览表。

由于刘小明作为项目经理经验不足，在项目计划阶段，既没有仔细考虑变更管理流程，也没有明确变更如何记录、如何管理、带来的损失如何处理和界定等细节；在问题发生后，也没有及时收集和整理相关信息。由于项目进度要求非常紧张，公司拿不出时间和资源对变更信息进行补救性整理，最终北京 ABC 公司决定放弃对变更费用的请求。

这个例子从反面告诉我们，职场中的交流是有章可循、有据可依的。商场如战场，没有准备好炮弹，就很难在商务谈判中取胜。在专业领域的交流，需要用专业的语言和做法才能奏效。

16.6　打破常规，随机应变

就商务谈判而言，专业的文档准备是必需的。论点、论据、论证都要清清楚楚，举例和备选方案也要烂熟于心，面对面的商务谈判，是非常具有个人特色的交流方式，没有一定之规，也不用照本宣科，但还是有一些因素需要留意，掌握一些基本注意事项，可以帮助我们随机应变，做出正确的判断。

职 场 上

2000 年，北京 ABC 公司刚刚成为面向日本提供软件开发服务的供应商，但是北京 ABC 公司的开发人员还很年轻，经验也比较有限。在一次项目谈判中，客户比较强硬地主张效率倍增，即单位时间人均产出代码量要比以往翻一倍。北京 ABC 公司项目经理杨小穆和刘小明对自己公司过去的业绩做了核查和精算，他们把过去类似项目的结果整理出来，通过定量分析和定性说明，得出的结论是：北京 ABC 公司可以努力提高效率 20%，但是达不到客户想要的生产效率倍增的目标。

双方项目经理谈了一上午，都没有谈拢。到了会议快结束时，情急之下，中方项目经理杨小穆说出了让客户和自己意外的一番话："我们提案的数据是有依据的，我们计划在上一个项目的基础上，把效率提高20%，这是需要付出巨大努力的，但是我们会竭尽全力，在保证进度的前提下，力争实现效率和品质都达标。如果没做到，我作为项目负责人可以引咎辞职。但是，您要求的效率倍增，以我们团队的能力难以实现，如果项目组为了追赶进度而牺牲品质，最终受损失的是双方，请您决定吧。"

会场一时安静下来，日方项目经理的副手巧妙地提出休息一会儿。会议再开时，这个问题按照中方团队的方案谈成了。事后杨小穆才知道，他说的"引咎辞职"起到了意想不到的作用。

后来的事实证明，双方的项目经理做出的是正确的选择。最终这个项目以客户满意的高质量按时交付，赢得了客户的好评，不仅为公司创造了合理的利润，也培养了一批年轻的员工。

从杨小穆的这次经历中我们看到，商务谈判没有一定之规，个人特色在特定的情况下可以超越经验和条条框框。

关于商务谈判，有很多书籍和学习资料可以学习参考，什么方法适合自己、适合自己所处的商务环境、适合自己的谈判对手，需要我们探索和尝试。在实践中摸索出适合自己的方法才是最有效的。

职 场 笔 记

第 **17** 章

重视职场外语能力

科技进步日新月异，人类的很多工作可以被机器代替，但是，人与人的交流，尤其是面对面交流，还是非常感性的，是机器翻译代替不了的。

近年来，越来越多的中国学生出国留学。年龄较小就出国的留学生在学习语言上有更加得天独厚的优势，在欧洲留学的年轻人还有机会学到不止一门外语。即使不出国，在网络平台上也有大量优质的外语学习资源，只要充分利用，同样可以学到地道的外语。

在过去二十余年的职场生涯中，我看到过不少因为语言的优势而受益的先例，所以，我很想对大家说一句：

掌握一门外语，会让你如虎添翼！

17.1 外语能力助力职业生涯

1. 英语能力助力日本就业

20 世纪 80 年代，我进入北京邮电大学学习。老师给我们讲了学校的课程设置宗旨，老师说大学四年，学校会实行两个不断线，即计算机教学不断线，英语教学不断线。具体来讲，就是在课程设置上每年都会有计算机编程的课程和英语课程。老师说希望同学们珍惜机会，好好学习。

职 场 上

我有一个校友燕子，在校期间，无论读本科还是读研究生，都没有放松英语和计算机两门课程的学习。

20 世纪 90 年代初，她先生考取了东京大学的公派博士生，她作为家属跟随先生一起来到了日本。那时她的日语几乎零基础，只上了 3 个月日语学校，就开始找工作了。她这种情况找工作本来没有什么把握，但是她居然很快就找到了一份计算机软件工程师的工作，工作交流可以使用英语。初到日本，本地语言不通，除了专业能力，可以说是英语能力帮助她在日本顺利就业。

她成功就业的故事也激励了后来人。几年之后，又有一位小校友以她为榜样，在东京找到了适合自己的理想工作。

2. 从日本公司入职美国公司

燕子的先生在东京大学拿到博士学位顺利毕业，他们一家又去了美国。她在美国很快找到了第一份工作，入职一家国际 IT 公司。这份工作的起点很高，除了得益于专业经历和英语能力之外，她的日语能力和日本经历又助她一臂之力。

燕子的经历让我确信，工程师掌握一两门外语在职场上可以说是如虎添翼。

17.2 二八原则帮你快速达标

说了这么多学外语的好处，也来聊聊学习方法。除了参加各种培训，学外语有没有既省钱又省力的方法呢？我觉得不仅有，而且还不少呢。

因为个人经历，我有机会观察过孩子们学习日语和英语的过程。他们根本不需要专门学习语法，也不需要背单词，他们只是在语言环境中模仿而已。但是，他们的模仿非常有效，绝不出错。成年人学外语固然不同，但也不是无章可循的。

1. 学英语最好使用英英字典

先简单说说英语学习。《朗曼当代英语字典》是一本英英字典，是一本专门为外国人学英语而编纂的中型偏小的工具书。这个字典用精选的 2000 个英文单词来解释全书 5.5 万个词汇，这对于英语程度不高又想直接使用原文字典的读者非常方便。

理论上，只要掌握这 2000 个基本单词，再学习一点基础语法，这个字典就可以全部读懂了。字典里还有不规则动词表，背一背就可以了。英语语法虽然比中文复杂，但掌握了基本时态和基本语态，基本交流就没有大问题了。

经常听英文歌、看美剧、看带字幕的英文电影等，对于学习日常英语交流也很有帮助。我们不需要托福考出特别高的分数，只要可以交流运用就好。现在有很多学英语的手机 App 做得非常好，内容丰富，可以满足各种人群的需求。有的助力听力，有的教授口语，有的辅导阅读，只要每天坚持，一定可以见效。

2. 中国人学日语有得天独厚的优势

再来聊一聊日语学习。日语虽然是小语种，不过中日地理距离很近，各种交流频繁，交流的深度和广度都不一般。日语中基本汉字不到 2000 个，英语外来语很多，都是用日语假名拼出来的，虽然发音有点怪，但是学过英语的人一听都能懂，这类单词根本不用记。作为中国人，很多汉字也是一看就懂，阅读时单词的压力不大。

日语一级（N1）是日本语能力测试（JLPT）水平要求最高的一级。对中国人来说，学日语的单词红利很多，日语考过一级不是一件太难的事，可以说中国人学日语有得天独厚的优势。

当然，即使日语考过一级，也不代表可以熟练运用日语。考过日语一级就相当于获得了一个自学的起点和基础能力，在日后的使用过程中，只要不断学习和巩固，就能不断提高。

现在网上能找到很多日语资源，不仅有动漫、日剧和歌曲，还有日本放送协会的每日新闻（日本放送协会简称 NHK，是日本的公共媒体机构，是日本第一家覆盖全国的广播电台及电视台）。

如果人在日本，那就更方便了。每天 NHK 晚间有带手语、带字幕的新闻。每晚整点各家电视台都播报当日新闻。相当于一个晚上同样的新闻可以重复看很多次，很多节目都有字幕，这对学习日语是很有帮助的。

3. 二八原则同样适用于外语学习

不记得是哪位老师曾经说过，二八原则同样适用于外语学习，一开始，我们需要用 20%的时间和精力，去掌握 80%的基础外语知识；在接下来的很多年里，我们需要用更多的时间和精力，慢慢地去提高那剩下的 20%。虽然很难，永无止境，但是，如果有了前面的 80%的语言基础，就可以开始交流、学习或者工作了。毕竟，学习外语讲究个顺序，我们不是完全学会了才去用，而是入门之后通过不断使用来不断地学习和提高。

4. 生活化的用语需要在生活中学习

我记得初到美国公司工作时，我的英语还不够用。有时候对方的话不知道如何接。譬如我的老板外出回来，他一般都会问"有什么情况（What's up）"，一开始我不知道如何回答，就傻笑一下。后来才知道，其实就是问工作进展得怎么样了？那么告诉他一下工作进度或者最新的信息就可以了。

另外，外语里的粗话、俚语，我们在职场上千万不要尝试。因为外语不是我们的母语，我们往往掌握不好分寸，说出来可能非常失礼，甚至造成不好的结果。

17.3 掌握一门外语如虎添翼

如果是技术和工程方面的交流，即使是日语专业或者英语专业的人，也可能翻译不出来，因为专业翻译往往没有技术和工程方面的背景知识，他们在逻辑上不容易把因果关系联系到一起，容易遗漏重要信息。作为工程技术人员，如果工作中涉及国际交流，还是自己把外语学起来为好，因为，搞专业的人自己直接交流才是最可靠的。

职 场 上

北京 ABC 公司一度需要做一个英语项目，项目经理孟小强的技术和管理能力都很强，就是英语还不能流利地听说读写。但是，他聪明刻苦，每次开电视会议都录音，一字一句地写会议记录，写不出来就请英语好的同事帮忙。每个工作往来邮件都学着读写，每个不会的单词都跟着美国老师学发音。这样强化学习了三个月后，他的英语水平提高了很多，自己可以独立应对英语电视会议和海外客户来访了。

从这个职场事例来看，孟小强聪明勤奋固然重要，方法得当也是成功的关键。用日常工作中最实用的英语素材来学习，孟小强的英语水平几个月就能达到工作的需要，可以说是立竿见影。当然，孟小强之前在高中和大学学过英语，这也是个重要前提。

当然，如果你确实不喜欢学外语，可以有其他选择。毕竟，每个人的路都要自己走，每个人的职业生涯要靠自己去设计和规划。

17.4 学习外语还要了解一点对方的文化

学习外语时，一定要了解和学习一下对方的文化。这也是我自己的切身体会。

二十多年前我初到日本时，机缘巧合，认识了一些在日本生活的外国人，这其中有律师，有工程师，还有大学教授。大家经常在周末聚会，大部分时间讲英语。记得有一次小型周末聚会，一个从美国来的华人是主宾，他是新加坡人，美国某知名 IT 企业的亚太地区负责人，是我所敬仰的前辈。他被请来给大家分享他的经历，我很荣幸地被指定为翻译，负责将英语翻译成汉语，另有一个美国女性，负责将英语翻译成日语。

在开始之前，那位美国女性和这位新加坡华人短暂交流了一会儿，还做了笔记。而我既没有经验，也没有意识，没有想到自己需要事前做一些准备。交流过程中，他提到自己毕业于康奈尔大学（Cornell University）计算机专业。康奈尔大学是美国的常春藤名校，计算机专业水平世界顶级。但是，当时我对此并不了解，还是那位美国女性做日文翻译时加了注解，我听后赶紧做了中文的补充说明，弥补了自己中文翻译中的不足。

这件事我反省过多次。在日本刚工作时，我认识的很多商业合作伙伴是北美名校毕业的。当时互联网不像现在这样普及发达，很多学校信息我不是十分了解，对这些世界名校出身的人，在社交场合没有表达恰如其分的敬意，回想起来多少有些失礼。在商务社交场合，了解一些知名大学的信息，以及相关国家的地理、历史、文化知识有助于开启与他人的交流。

总之，学习一门外语，就是学习一种文化。学外语可以为我们打开一扇门，让新奇的东西进来，我们可以就此发现一个新世界。趁年轻学一学外语，到外面的世界看一看，走一走，既可以开阔眼界，又可以加深对自己的了解。读万卷书，行万里路，说不定我们会发现一个全新的自己呢。

第 18 章

跨国职场的文化差异

改革开放改变了很多人的生活，越来越多的普通人有机会去国外工作学习。另外，互联网的快速普及，又使得信息的传播超越了时间和空间的限制，达到了空前的深度和广度，很多人足不出户也可能有机会和语言文化不同的外国人一起工作。

如果身处国际职场，我们不难发现，来自不同国家的同事各自的母语不同，成长环境差异较大，个体表现出来的文化差异比较明显，我们需要通过不断学习来提高认识，在工作中减少误会和差错。

在这一章里，我想通过一些职场小事，和大家一起探讨一下跨国职场的文化差异。

18.1 从职场称呼看文化差异

通过在日本、美国和中国公司工作的经历，我渐渐体会到，文化差异无所不在。如果不经意间触犯了他人禁忌，日后可能需要花费很多时间来弥补，有些时候，甚至没有弥补的机会。

举例来讲，在国际职场上，从人与人之间的称呼就可以看出不同文化之间的巨大差异。

　　美国人在职场上一般习惯叫名字，不加姓氏，无论职位高低，非常简单直接。譬如说，如果比尔·盖茨（Bill Gates）是你的同事，一般场合称呼他比尔（Bill）就可以了，正式场合则称呼盖茨先生（Mister Gates）。

　　日本人在职场上一般都用敬称，就是在姓氏后面加"san"。譬如，如果日本人的名字是田中一郎，在公司里，大家就叫他田中 san。这种称呼是万能的，即使两个人面对面交流，也还是要用姓氏加上敬称来称呼对方，譬如说田中 san，意思是田中先生或田中女士。当然，这需要在说话之前知道对方的姓氏。

　　如果在同一个公司，有两个姓氏为山本的人，这时候大家就会使用名字加敬称来称呼他们。譬如，一个叫山本浩二，一个叫山本淳一，大家就称呼他们为浩二 san 和淳一 san。除了这种特殊情况，直接用名字称呼日本人是需要非常慎重的，因为，这样的称呼只适用于关系比较亲近的人，不能随便使用。

　　日语里有第二人称，即 anata，翻译成中文就是"你"。但是，这个称呼在日语里有专门的含义，基本只限于夫妻、恋人之间使用。这一点和中文完全不同，使用时需要注意。另外，对日本人也不能轻易使用姓名全称，这样做也很失礼。

　　在我们国内职场上，称呼就比较多元化了。欧美系公司可能采用美国方式，每人有一个英文名，大家互用英文名称呼彼此。如果是称呼老板和高管，则尊称××总；如果是称呼前辈或者上级，但是对方还很年轻，也可以用更亲切的方式。我听到过新入职的年轻女性称自己的上级为"Helen 姐姐"，感觉也很接地气，符合中国特色。

　　日资企业可能更多地按照日语习惯来称呼，姓氏后面加敬称"san"。在中资企业，有称"老师""小张""小李"的，也有称男士为"哥"，称女士为"姐"的情况。称"哥""姐"一方面透着亲切，可以拉近距离；另一方面，也有放低自己，请他人关照的含义。这样的称呼是否合适，因人而异，也因职场环境而异。初入职场，如果我们不知道什么称呼是适当的，可以观察和请教他人，不要轻易试错。我认为，每个人在职场有自己的角色和职责，称兄道弟，就模糊了人际边界和责任边界，所以我个人不建议采用这种称呼方法，感觉不是很正规。

18.2　职场交流不要涉及个人隐私

在商务交流场合，不要涉及个人隐私，在跨国籍或者跨语言文化的环境中尤其如此。结婚与否、有无子女、出身家庭等情况，交流中如果对方不主动说，最好不要随便问，更不要想当然。在价值观日益多元化的今天，是否结婚，是否生子，都是个人选择，没有一定之规。如果自己认为对方到了一定年龄，就该结婚生子，那只能表明这是自己的思维定式。毕竟，不同文化环境中成长起来的人，想法不同，选择各异，无所谓好坏，也无所谓对错。

记得有过多次，我方公司的干部和日本客户一起吃饭聊天，我方的干部自然而然地认为，到了一定年纪的人肯定结婚了，就问对方家庭和子女情况，结果对方单身，场面就有些许尴尬。如果自己主动说自己的状况，未尝不可，但注意适可而止，因为对方可能对这样的话题不感兴趣。

欧美人如果结了婚的话，一般会佩戴婚戒，日本和中国也有很多人越来越接受这种方式，即结了婚的人佩戴婚戒。不过，还是有相当的已婚人士不带婚戒，所以，交流这类话题时需要谨慎，尤其是在商务场合，更需慎重。

总之，无论是个人交往，还是商务交流，要尊重多元文化和多元价值观，尊重每个个体自由选择自己生活的权力，不要用自己的标准，对别人的人生妄加议论。如果视野足够开阔，对不同的选择就会给予更多的理解和包容。

18.3　谈宗教要谨慎

20 世纪 90 年代，我在日本的一家总部在波士顿的美资公司工作。有一次公司有两位同事从波士顿来东京出差，工作之余，我利用周末带他们在东京和横滨观光，看风景，品美食，交谈愉快。到了晚餐时间，其中一个美国人问我有什么宗教信仰。我说"没有，我们在中国接受的是无神论教育"。我也没有问他们的宗教信仰。当时，我对这样的话题也不太感兴趣。

后来，我有机会去美国工作，渐渐地了解了他们对宗教的一般看法，反思当初，我觉得自己对这个问题的回答很不好，为什么呢？因为对方谈到宗教信仰，其实更在乎的应该是信仰。我们是在无神论环境下成长起来的一代，说自己不信宗教，在我们的语境下，没有什么问题。但是，如果和西方人说自己没有宗教信仰，对方会理解成我们没有信仰，那就存在一定的误解，究其原因，是自己对西方的文化和对方的问题理解得不够透彻，对于自己的生活哲学和文化信仰没能够清楚地用英语表述出来。

说到信仰，我们中国人当然是有信仰的，我们中华文明博大精深，历史源远流长，有儒教、道教、佛教，古圣先贤的文化思想对我们影响深远，我们的文化就是我们的信仰。虽然形式上我们不需要每周去教堂，但是简单地告诉外国人说自己没有宗教信仰不一定准确。如果不可避免地谈到了这类问题，我们可以说自己信奉道教、佛教或者儒教，甚至可以说中华文明就是我们的信仰。

记得还有一次，在美国圣诞节前夕，很多同事互道节日问候，大多数人都说圣诞快乐，不经意地，我发现一个同事和另一个同事说"假日快乐"。事后我就小声问她，为什么对别人说"圣诞快乐"，却对他说"假日快乐"呢？这个同事告诉我说，他不是基督教徒，圣诞节不是他们的节日。我恍然大悟，原来，这么一句简单的问候，其实并不简单呢。可以说，文化差异无所不在，是需要我们不断学习和了解的。

18.4 入职需要推荐信

前文提到美国电影《穿普拉达的女王》是一部经典的职场电影，影片中有这样一个情节，当时尚杂志主编的女助理安迪去其他公司求职时，对方要求安迪提供推荐信。安迪的前老板，也就是时尚杂志主编米兰达给她写了一封独特的推荐信，帮助她成功找到新的工作。

美国电影《在云端》中也有类似情节。影片中，由乔治·克鲁尼饰演的裁员专家瑞恩带着年轻的大学毕业生娜塔莉飞来飞去，为各地公司解决棘手的裁员问题。娜塔莉在经历了一系列问题之后决定辞职，裁员专家瑞恩为她写了很好的推荐信。

这些虽然是电影情节，其实也是美国真实的职场文化的一种体现。美国公司比较注重个人信誉，求职的人一般都会被要求至少提出两个推荐人，这两个推荐人可以是以前的同事、上级，或者前辈。一般方式是这样的，公司要求求职者提供推荐人的联系方式，然后由公司的人事部门去和他们联系确认。

很多国家都非常重视个人信誉，在大学招收学生、公司招聘员工时，需要至少有两个人推荐才可以。所以，我们进入职场，要爱惜自己的信誉，离开公司时不要不欢而散，不要弄得连个愿意推荐自己的人都没有。

18.5 关于带病工作

对于带病工作，我们过去受到的教育，以及媒体的宣传，似乎有点提倡的意味。带病去上班经常被认为是一种美德，是一种奉献。不过，在美国的职场上，是不提倡带病去上班的。在日本，感冒的人会自觉地戴上口罩，以免给他人带来困扰。在一定程度上，这些也是不同国家职场文化差异的表现。

18.6 关于业余爱好

我在和美国同事聊天时，发现他们很多人爱好广泛，这个参加业余乐队演出，那个是潜水爱好者团体的会员，说出来显得很酷很帅。日本同事中也有不少有特色的人，譬如喜欢钓鱼的，可以钓到很大的金枪鱼；喜欢变魔术的，在聚餐时就能轻松来一手，赢得满堂喝彩；还有人喜欢养宠物，说起小猫小狗就眉飞色舞。

如果在专业之外，能有一点业余爱好，或者其他一技之长，会成为受欢迎的人。和同事聊一聊业余爱好，很容易让同事之间拉近距离，也很容易和陌生同事熟悉起来。

18.7 文化差异在日常中的体现

地域不同，文化不同。我们和外国人交往或者交流时，最好对他们国家的语言和文化有所了解，这样可以帮助我们更好地和他们交流。例如，我们知道北美和欧洲的圣诞节在冬季，但是在南半球的澳大利亚和新西兰等国家，圣诞节在夏季。所以，美国电影和歌曲里描写的白色圣诞在南半球国家如澳大利亚就是不存在的。

日本经营之神稻盛和夫在他的《活法》一书中说，跟外国人打交道时，要注意是否合理，合理是最重要的原则。

接下来，我们看一下文化差异在日常交流和职场中的一些具体体现。

1. 关于节假日加班和超时工作

日本很多传统企业，一般采取终生雇用，年功序列的用工方式，企业员工对公司忠诚度很高，很多人从一而终，在一家企业工作一辈子。他们对组织命令和组织原则一般都会高度服从，对组织内上下级序列也会高度尊重，企业员工离职率很低。如果工作需要节假日加班，员工一般都会配合。

我们中国的大多数员工会尽力完成工作，但是和很多日本员工相比，我们员工的服从度一般来说要低一些。例如，加班超过一定限度，我们的员工可能会选择辞职，而不会绝对服从。所以，我们应该根据需要做出适当调整，既要适应客户需求，又要让员工可以接受。

美国公司的情况又完全不同。记得在波士顿工作的时候，我们的客户之一是日本某著名医疗器械公司，我们当时为该公司开发医学图像处理应用软件，项目进行得不顺利，在程序方面还有很多缺陷。到了圣诞节前夕，应用程序中有 100 多个缺陷尚未解决，日本客户非常着急。美国同事却说，圣诞节大家需要休息，圣诞节之后再解决。这件小事体现出的文化差异还是很大的。

2. 关于组织认同和组织忠诚

日本员工重视集体，除了终生雇用之外，也是企业文化培养出来的。公司每年在员工培训方面有大量投入。而且，无论公司大小，基本都有公司出资的员工旅行，每年有员工的新年会、新人来了有欢迎会、老员工离开有送别会、项目成功完成后有庆祝会，如果我们因为工作去日本访问出差，他们也会为我们举行欢迎会。所有这些形式的活动，都会大大增强组织内成员之间的联系。

一般来讲，这样的组织活动日本员工都会参加。即使这种联系某种意义上讲是形式上的，也不能否认这些活动对加强组织向心力的作用。和日本员工的集体主义倾向相比，中国员工更加重视自我；而和东方人相比，美国人则更加重视自我。美国公司在经济好的时候就招人，经济不好的时候就裁人，美国人也习以为常，这就是他们的文化。

在美国公司工作时，有几个美国员工聊天时告诉我，他们是第二次，甚至第三次进公司了。有的人是公司状况不好裁了他们，公司状况好了又联系他们回来，还有的人由于个人原因进进出出。在我看来颇有些不可思议，可是美国同事们却说得云淡风轻。在他们的文化背景下，组织和个人是契约关系，大家各取所需。

3. 关于人事安排和人事调动

按照我们的企业文化，人事安排和人事调动基本是事前交流，大家互相达成某种程度的理解和一致，再由相关人员来宣布。如果想派员工去异地，要做好各种思想工作，要本人接受才可以，有时还需要有相应的奖励和补偿机制。

但是日本企业则不同。我们服务的一家大客户每年都会有人事调动，每到调动宣布前夕，几乎所有相关的人都会有那么一点点紧张。在过去十多年的时间里，我目睹过该公司很多人的工作调动，从东京到上海、到北京、到新德里，在日本国内城市之间的调动更不必说。日本员工都会服从，无论是举家迁徙，还是单身赴任，没见过有谁因此离职。不过，该公司的待遇确实非常好，在日本处于顶级水平，这也是不争的事实。

文化差异无处不在，如果身处国际职场，就要了解这些，调整好自己，适应环境；如果不能适应，就要有可以离开的资本。

4. 委婉的日语文化与含蓄的英文表达

日本文化比较含蓄委婉。日本人注重不给别人添麻烦，不让人为难。很多时候，有话不直接说。和他们一起工作时，如果不了解这一点，会产生各种误解，甚至影响工作进展，这里简单举两个例子。

如果你有事拜托日本人，日本人回答说很难，就相当于委婉拒绝，而不仅是字面上很难的意思。

如果是职场交流，日本人问你："请你做某件事可以吗？"那真实的含义就是让你做这件事，而不是和你商量。

当然，这些例子都限于日常工作中的交流。

在项目合作中，当日本团队提出的要求我们无法满足时，我们如果直接说"做不了"，是非常失礼的，也是不尽职的。我们需要说出困难在哪里，有什么替代的解决方案。最好能提供多个替代方案，并说出每个方案的利弊，供对方抉择。

日本语里有读懂"空气"，读懂"行间"的说法，这些和我们中文说的"话里有话"是一个意思。

英语虽然比日语在表达方面直接很多，但英语国家的人也不是断然否定和拒绝他人，他们会用"是的（Yes）/不过（But）"这种语言表达方式，先肯定别人，再说自己的意见。其实，双方的意见可能完全不同。

18.8 本章小结

文化差异的话题还有很多，这里就不一一列举了。历史、文化、国民性格都是造成文化差异的因素，既没有好坏之分，也不能一概而论。如果我们服务于国际职场，就要在充分理解语言和文化差异的基础上，积极沟通，彼此协调，才能把事情做好。

第 **19** 章

关注职业心理健康

北京某著名大学的心理学系有一门课程叫作"职业健康心理学",学习后我感觉受益匪浅。

职业健康心理学是一门新兴的综合性学科,它运用心理学的基本原理与方法,整合应用心理学与职业健康学的专门知识,旨在提升人们的工作生活质量,保护并且促进劳动者的职业安全与心理健康。

我想,也许每个职场人都需要了解一点职业健康心理学。

19.1 职业健康心理学的研究对象和研究内容

1. 职业健康心理学的研究对象

职业健康心理学把预防工作压力、职业疾病、工作伤害等组织危险因素作为特别的和首要的关注对象。在实际的研究当中,研究者区分出了关于组织的三个研究维度:工作环境、个体、工作家庭交互作用。

2. 职业健康心理学的研究内容

职业健康心理学的研究内容包括探知并测量工作压力的来源,旨在减少工作压力源，降低个人和组织的健康风险。探测工作压力源的影响和后果，即职业紧张的症状表现，包括身体和心理状态、工作态度、工作行为等方面。

职业健康心理学的研究内容还包括职业紧张的干预研究，干预行为包括组织的和个人的。组织可以采用有效的支撑系统、个人可以采取主动的应对策略来化解压力。

3. 什么是工作压力和压力源

根据美国国家职业安全与健康研究所的定义，工作压力是指当工作要求与员工的能力、资源和需求不相匹配时产生的一种有害的生理心理反应。在工作中，压力源是指使人感到紧张的事件或者环境，工作紧张是指员工应对压力时产生的多种消极反应。工作中各种压力源会导致员工的工作紧张。

工作中常见的压力源可以归纳为以下几个方面：
- 工作中的角色压力。
- 组织的限制。
- 工作中的人际冲突。
- 工作复杂度。
- 工作掌控感。
- 工作要求与家庭冲突。

19.2 工作中的角色压力

什么是工作中的角色压力呢？角色是指处于一定社会地位的个体，依据社会的客观期望，借助自己的主观能力适应社会环境所表现出来的行为模式。角色压力则是指一系列与角色有关的压力因素，主要包括角色模糊和角色冲突。

角色模糊是指角色信息本身的含糊不清，其产生原因可能是由于组织没有及时更新或者说明，或者工作说明定义不清楚。角色冲突则是指对同一个员工而言，由一个人所提出的角色信息或者角色期望与另一个人提出的角色信息或者角色期望相矛盾。一般而言，员工从正式和非正式途径来获取与工作角色相关的信息。

职 场 上

北京 ABC 公司开发部长杨小穆分享过他的经历：他刚毕业时，进入了北京的一家高科技公司工作，由于当时公司处于初创阶段，规章制度还很不健全，很多事情难免缺少制度依据，有时候效率低下。在那段时间里，作为职场新人，他经常感受到工作中的角色压力。这种压力主要是角色模糊造成的。顶头上司今天让他干这个，明天让他干那个，他看不到长期计划，搞不清楚自己在公司的定位，非常苦恼。

他后来去了国外工作，先后就职于比较成熟的日本公司和美国公司，通过比较他发现，无论是日本公司，还是美国公司，每个工作岗位都会有一个明确的岗位描述，岗位职责清晰明确，技能要求一目了然，入职培训都比较成熟完善，组织的知识资产都有系统的收集和整理，便于学习和传承。具体工作由直属上级安排和检查。

在这样的公司里，每个岗位的员工都比较清楚自己的职责，角色模糊和角色冲突带来的压力大大减少。当然，在跨语言文化的环境里工作，没有了角色压力，又会有其他类型的压力。

19.3 组织的限制

组织限制是指员工所不能控制的工作因素，这些因素阻碍员工将自己的动机和能力转化为高效的工作业绩。组织限制会导致员工的工作紧张。在心理方面，组织限制使员工产生挫败感和工作焦虑，导致员工的工作满意度降低，工作动机不强，离职倾向增加，个人成就感降低。在行为方面，组织限制会使员工的缺勤和迟到有所增加，强势行为增多，利他行为减少。在生理方面，组织限制会产生疲劳、情绪激动、精力衰竭，以及其他身体状况。

举例来讲，在软件外包领域中，中国公司作为对日软件服务供应商，在中国的春节和国庆等长假期间，经常需要员工加班工作，因为那些时间都是日方的正常工作日。对员工个人及家庭来说，这些都可能是压力来源的一部分，这就是一种组织限制。公司做这个业务，员工选择了这个岗位，就要接受相应的挑战。

其实，在国际职场上，这种情况很普遍。和我们合作的一家日本软件公司服务于日本金融体系。为了维护日本金融体系的稳定，所有的新项目上线都安排在日本的长假期间实施，像日本的新年假期、日本的黄金周假期等。在日本普通民众合家团聚、旅游休闲的时节，这家公司会有很多人必须去公司加班，他们像往常一样工作，甚至比平日工作更辛苦、更紧张。

19.4　工作中的人际冲突

人际冲突是指人际关系双方之间的紧张与对抗，人与人之间相互不接纳、互不相容的现象，如不理解、不信任、敌对、拒绝，甚至是破坏。人际冲突的种类，按照冲突对象划分，主要有与领导之间的冲突和与同事之间的冲突。按照冲突原因划分，主要有关系冲突（人及风格的冲突）和任务冲突（工作目标互不相容）。

在职场上，因为工作量和工作难度，以及工作挑战性不同，看起来相似的工作，其复杂程度和责任权重有时相差甚远，有时工作安排不能保证合理性就可能引起员工的紧张与不满，甚至引起态度比较激烈的反对。工作中的人际冲突有可能一触即发，有时候表现为态度激烈的言语冲突。

在工作中，我们和同事、前辈、上司尽量不要发生人际冲突，遇到问题时积极解决问题。理解别人的情绪，接纳并且管理自己的情绪，在职场中慢慢磨炼，稳步成长。

如果已经走上管理岗位，成为一名管理者，则需要尽量做好相关工作，万一团队中发生人际冲突，管理者要在第一时间迅速干预，把相关的当事人一起叫到会议室，在小范围内交流解决，要尽力避免冲突扩大化。因为，冲突扩大不仅会给团队带来负面的影响，还有可能直接引起相关人员辞职，给工作和团队带来不利影响。

19.5　工作复杂度

工作复杂度包含工作的核心特征、关键心理状态、个人及工作结果。其中工作的核心特征一般包含几个方面：技能多样性、工作整体性、工作重要性、自主性、回馈性、工作范围。所有这些构成工作的复杂性和挑战性。工作复杂度过低是一个主要的工作压力源，容易产生焦虑、负面情绪和离职倾向等，工作复杂度太高同样会带来工作紧张感。

职 场 上

北京 ABC 公司人力资源部部长关小米曾经和很多离职员工交流过，问及他们离职的原因，有一部分人说他们的工作简单重复，这会使他们感受到外界的压力和危机，担心自己的市场价值会因此而降低。还有一部分员工认为工作压力太大，身体和精神不能长期忍受，所以选择离开。同样的工作，不同的人感受截然不同。对于劳动者来说，工作复杂度太低或太高都是问题，都可能成为他们的工作压力来源。

×　×　×　×　×

北京 ABC 公司开发部长杨小穆曾经进行过一项特殊的研究性试验项目。主要内容是这样的：把特定类型的软件开发工作进行标准化和流程化，把创造性劳动转化成单纯的作业性劳动，通过实验考察非专业人群是否可以承担项目中单纯作业部分的工作。

于是，开发部招聘了 10 名职高在校学生，利用暑假时间请他们有偿地配合公司完成这个实验项目。同时，为了让这个实验项目具备可比性和多样性，他们还招聘了 3～4 名原来从事文职工作的社会求职人员，和学生们一样，按照公司设计的实验内容，完成指定的工作。

一个月的实验结果表明，那些职高学生普遍认为这个工作复杂度低，而他们还年轻，想学习更多的东西；那些有文职工作背景的求职者则认为这个工作复杂度太高，让他们感觉缺乏掌控感，他们表示不愿意长期从事这样的工作。即使给他们高工资，他们也难以持续。

这个事例让我们看到，工作复杂度太低或太高，都会给员工带来工作紧张感，成为他们的工作压力来源，对工作和个人都不利。一旦员工对工作有明显的抵触情绪，工作就很难取得好结果。

19.6 工作掌控感

著名心理学家艾伦·兰格（Ellen Langer）是掌控感研究领域的翘楚。他认为掌控感对一个人的健康具有决定性作用，有掌控感的人生活会变得更积极和健康。如果失去掌控感，严重时可能会使人失去生活的希望。

兰格曾经做过一个极具争议性的实验。他和研究人员来到敬老院，送给实验组每个老人一盆植物，并随机告知其中一半的老人需要定期给植物浇水，但是却告诉另一半的老人，会有人帮他们照顾植物。19 个月以后，实验组前一半老人中的 15%去世，后一半老人中的 30%去世。对照组（未接受植物）老人去世率是 25%。兰格的心理学实验可能改变了一部分老人的寿命。

在职场中，工作掌控感对员工的身心健康非常重要。按照定义，工作掌控感包括以下内容：任务掌控、方法掌控、节奏掌控、调度掌控和决策掌控。

职场上

在北京 ABC 公司，项目赶进度经常需要加班加点。项目经理杨小穆发现：如果项目管理者能够把工作日程尽可能安排好，把具体什么时间加班，加班几小时的掌控权更多地交给员工，员工们往往不会耽误进度，万一有延误发生，他们基本都会在平时的晚上或者周末加班赶上进度。

但是，如果项目管理者采用另外的做法，譬如规定员工不得早于晚上 9 点或者 10 点离开，员工如果在规定时间之前离开公司，需要向项目经理当面请假；员工如果提前完成工作，项目经理就会再给安排新任务。这样做的结果会适得其反，有些员工可能宁愿磨洋工也不愿提前完成工作。

从上面的事例中我们可以看到，组织给员工更多的掌控感，员工可能更愿意配合组织。

19.7 工作要求与家庭冲突

弗洛伊德说："爱"与"工作"是人生最重要的两件事。工作和家庭的冲突对于职场人士来讲是非常司空见惯的。工作和家庭冲突的本质是两种角色之间的冲突，在这种冲突中，来自工作和家庭的角色压力在某些方面某些时候是不相容的。

工作与家庭冲突主要表现为：时间冲突、情绪冲突和行为冲突。工作与家庭冲突的后果是不容忽视的，对于家庭而言，这种冲突会造成婚姻满意度降低，家庭角色缺席，还会导致子女教育出现问题。对于职场而言，这种冲突会使得员工的工作满意度降低、工作疏忽、绩效下降、缺勤增多、离职倾向增强。

组织管理者需要尽量善待员工，合理安排工作。员工则需要尽量配合组织，不影响工作。当然，实际情况很难一概而论，具体问题需要具体分析。

我曾经和美国同事探讨过这个问题，有个美国同事说，美国人通常会把家庭放在第一位，把工作放在第二位，因为大家出来工作就是为了让家人生活得更好。当然，这只是个人观点，不过，这个观点具有一定的代表性。

东西方文化不同，价值观也不同。我们从小到大受过的很多教育都主张优先集体和工作，这反映了我们这个社会的主流价值观，很多时候我们也是这样做的。不同文化没有好坏高低之分，不能做简单的比较。

职场上

有一次，北京 ABC 公司与日本 X 株式会社计划召开部长级月度交流会，日本 X 株式会社一位部长给北京 ABC 公司大客户经理李小冰写邮件说，他一贯都是工作第一，家庭第二，但是这回他要优先家庭，缺席一次工作会议，因为他要出席孩子的小学毕业典礼。

在职场上，尽量兼顾好工作和家庭，才能工作得更加安心，更加持久。而这种工作状态既是组织所希望的，也是符合个人和家庭愿望的。

如果我们有机会了解一些职业健康心理学，可以帮助我们更好地感知自己和同事的需求，更准确地识别彼此的情绪，进而帮助我们在工作中做出更适当的选择，更加合理地解决问题，让自己和同事都能够在和谐的氛围工作。

第四篇　职场商务管理篇

也许你还不是企业里的管理者，可能会认为管理方面的内容和自己无关。其实，无论你是规则的执行者，还是制定者，如果能够对规则背后的深意有所了解，对工作一定会很有帮助。

这里简要介绍一些常用的管理技能：标准化，组织的知识资产管理，组织的人才开发，风险管理，团队管理，信息安全管理。有些事例来自软件工程项目，但是其中的管理思想和管理方法具有普遍的适用性。

对于希望在职场上进一步提升的职场人来说，不断提升自己的管理技能，才会让自己成长得更快。

第 **20** 章

标准化在职场的应用

当今社会，在大规模生产制造或者服务消费领域中，标准化是保证质量和效率的制胜法宝。企业的标准化体系由技术标准、管理标准、工作标准三大体系构成，企业的标准化意味着标准化体系的建立以及贯彻执行。

日本的经营之神稻盛和夫先生在日本家喻户晓，他早年先后创办了京瓷（KYOCERA）和第二电信（KDDI）两家企业，这两家企业都成功进入了世界 500 强企业的行列。他还在近 80 岁高龄之际，受日本政府委托，零薪酬接管濒临破产的日本航空公司（JAL），仅用一年时间就令这家大型企业扭亏为盈，再次创造了商业奇迹。

为了帮助中小企业主学习经营和管理之道，稻盛和夫先生还开办了盛和塾，面向中小企业主传道、授业、解惑。多年前，日本一家小型美发店的店主大串先生在盛和塾学习时请教他说：我的美发店是一家小店，今后我想把它做成一家大型的连锁店，我该怎么做呢？

稻盛和夫先生沉思片刻回答说：（企业）规模变大以后需要的标准和规范，要在（企业）规模还很小的时候就开始建立。

这家小型美发店的店主大串先生于是照着这个思路，经营自己的事业，在短短几年时间里，成功地把自己的小型美发店变成了有 22 家分店的连锁店，2014 年年末，他获得了盛和塾颁发的中小企业成长进步奖。

　　大串先生获奖后，在接受记者采访时，说出了稻盛和夫先生给他的这句箴言。

　　这个故事我是在某个日文网站读到的，我对经营之神的这句金玉良言深有感触。当然，这里所说的标准和规范，每个行业都不尽相同，但是这个标准化的思想具有非常广泛的适用范围。

20.1　标准化的昨天和今天

　　我们中国历史上的第一个皇帝秦始皇称得上是标准化的鼻祖。众所周知，秦始皇统一六国，建立起第一个中央集权制的国家政权后，推行车同轨，书同文，统一度量衡。也就是说在 2000 多年前，他就实行了全国范围的标准化管理。

　　光阴荏苒，岁月如梭。2000 多年后的今天，科技的进步给人类的生活带来了翻天覆地的变化。大规模工业化生产，代替了以往手工作坊的人工劳动，标准化是大规模工业生产的基础和前提，大到汽车、火车和飞机，小到手机、电源插座和 USB 接口，可以说，在我们的生活中，标准化无处不在。

　　制造业中的标准化比较直观，易于理解。以汽车行业为例，1913 年福特汽车公司已经发展出一套比较完整的生产流水线和大规模生产技术。几十年后，日本丰田汽车公司后来居上，经过日本式的持续不断的业务改善，又把大规模汽车生产的标准化推向新的高度。

　　现代社会中，标准化在生活和消费领域也无处不在。20 世纪 80 年代，肯德基作为美国快餐的连锁品牌，率先打入中国市场，他们引入了西方式的全新的快餐服务体系和管理理念，以全新连锁经营模式，统一标识、统一制作，依靠其优质的产品、快捷的服务、清洁的餐饮环境在中国餐饮市场上取得了巨大的商业成功，也给我们上了餐饮标准化生动的一课。

20.2　标准化的定义和内容

标准化是指在经济、技术、科学和管理等社会实践中，对重复性的事物和概念通过制定、发布和实施标准达到统一，以获得最佳秩序和社会效益。现代企业标准化管理的内容很多，从专业大类上讲，标准化的内容主要包括以下三个组成部分。

1. 技术标准

技术标准是指导企业进行技术管理的基础和依据，是对企业标准化领域中需要协调统一的技术事项所制定的标准。对技术标准的管理（或者说对于技术的标准化管理），主要在于明确技术标准体系的构成，把握各标准分支的具体要求和基本特征，认真组织好各种类、各层次技术标准的贯彻和实施。

2. 管理标准

管理标准是对企业标准化领域中需要协调统一的管理事项所制定的标准，是贯彻与实施技术标准的重要保证。管理标准化，主要应解决好三个环节的问题：一是要在调查研究的基础上，制定出切实可行、便于考核的管理标准；二是认真组织管理标准的贯彻实施；三是采取有效的方式对管理标准化的绩效进行考核，总结推广成功的经验和及时纠正错误。这里虽然讲了三条，核心是符合 PDCA 循环的逻辑的。第一条讲的是计划（P），第二条讲的是实施（D），第三条讲的是考核（C）和处理（A）。

3. 工作标准

工作标准是对企业标准化领域中需要协调统一的工作事项制定的标准，是以人或人群的工作为对象，对工作范围、责任、权限及工作质量等所做的规定。工作标准主要是研究规定各个具体人在生产经营活动中应尽的职责和应有的权限。对各种工作的数量、品质、期限及考核要求所做出的规定。

企业标准化管理实质上就是对由技术标准、管理标准、工作标准三大标准体系所构成的企业标准化系统（或企业标准体系）的建立与贯彻执行。

20.3　项目中的标准化

大规模工业化生产的产品（譬如汽车），看得见、摸得着，因为产品在物理上的直观性，标准化生产的概念就比较容易理解。软件工程的产品，因为不能直观地被看到，相对于大规模工业生产的标准化，软件工程的标准化就有特定的难度，但是也同样具有代表性。

以对日软件服务外包这个领域为例，一般而言，系统的设计团队在日本的主要城市，如东京、大阪、名古屋等地，开发测试团队在中国的主要城市，如北京、上海、成都、大连等地，这样远距离的跨国跨语言的团队合作，是这个行业的主要工作特点。

因为语言和文化上的障碍，还因为地理和物理上的限制，大大增加了项目管理和控制的难度。日本客户对开发品质又要求甚高，如何才能满足其要求呢？

个人认为，项目管理和运营的标准化起到了关键性作用。在这里我尽量选取通俗易懂的内容，即使不是做软件的读者，读起来也不至于太费力。

1. 项目运营的标准化

首先，所有的项目都必须有项目计划书，各个工程阶段都要有中间报告，项目收尾阶段要有项目最终报告。在计划阶段，项目经理需要根据客户需求，拿出完善周密的计划，合理安排人员体制，确定各种级别的日程，制定各个工程阶段的作业流程，明确各阶段作业成果种类，确定相应的作业标准和评价标准，有时甚至还要提供作业成果的样本。计划必须由相关领域的有识之士参与策划和评审，达成共识后，还需要组织监督执行，阶段性地报告成果。

在收尾阶段，除了产品交付所需的一系列活动之外，最终报告必不可少。整个项目结束后，和计划相比较，执行和完成情况如何，预想和实际有什么差异，有什么经验和教训，规模、品质、效率数据如何，项目经理和核心骨干们如何评价这个项目，等等。

虽说计划书、中间报告、最终报告都有一些范例和模板可以参考，但是，项目经理要写出有灵魂的报告书，也不是一件容易的事。这些资料作为组织的知识资产，对后来人又有很大的参考价值。

2. 项目测量的标准化

软件工程的先驱者汤姆·迪马克（Tom DeMarco）曾说："不能测定的东西，是无法控制的。"他指出了软件工程中，测量与控制的重要性。

软件工程因其特殊性，测量的概念和方法与传统工业生产完全不同，但是软件工程项目一样需要按照规定的时间和规定的预算，完成设计的品质和功能，从这个意义上讲，软件工程的测量和控制是必需的。在设计、制造和测试等不同阶段，测量内容和测量方法是完全不同的。

在设计阶段，项目成果是设计书，我们计算规模时，就统计设计书的页数。当然，难度系数也不可忽略。为了让测量和统计具有可比性，设计书的标准化是设计书规模统计的前提。

在制造阶段，项目成果是程序代码，程序代码行数就可以作为规模测量的指标。程序的标准化是规模测量的前提。不同开发语言之间，程序代码的行数不具备可比性。为了便于管理和测量，我们可以人为地设定不同语言之间的换算系数，这样做相当于人为地让不同开发语言之间在规模上具备了可比性。实际工作中，除了代码行数，还可以用功能点数，即 Function Point 数来衡量程序代码的规模。

在测试阶段，我们需要统计测试用例的个数，精确定义后，测试用例的个数就可以代表测试的工作量。譬如一条测试数据，可以覆盖 N 个测试点，统计时应该算一个测试用例，还是算 N 个，这些都要事前明确。大规模项目如果没有标准，就无法管理和控制了。

要监控各个阶段的品质，还需要测量和记录缺陷的个数，分析缺陷的特性。这便自然而然地引申出设计不良密度（针对设计书）、缺陷密度（针对代码）、测试密度（针对测试）等概念。这些指标精确定义之后，需要整个团队测量、记录和跟踪，确保测量标准化得以贯彻执行。

3. 作业流程的标准化

一个标准的作业流程，一般包含以下信息（5W1H 要素）：

- 作业的输入和输出是什么（What）。
- 作业的登场人物有谁（Who）。
- 开发据点（团队）之间的职责分担如何（Where）。
- 作业的开始基准和结束基准是什么（When）。
- 作业成果的做成标准和评审标准是什么（How）。
- 为什么要这样规定（Why）。

对于一个大规模、多工作据点、多团队合作的软件工程项目，推进过程中需要明确各种流程，包括设计流程、开发流程、测试流程、变更流程、缺陷处理流程、评审流程，等等。这些标准化流程是管理和控制项目的有效手段。

4. 作业成果的标准化

一个大型应用系统的构筑，即新系统构筑，一般需要一年半载，而一个大型应用系统的维护，可能需要十几年。系统维护的真实含义不是字面上看起来的那么简单，一般包含以下几个方面的内容。

- 客户的各种问题解决。
- 系统的各种缺陷改进。
- 客户的新需求满足。
- 法律法规变化引发的变更对应。

对于一个大型应用系统来讲，新系统构筑时的开发参与者，极有可能不是后期的系统维护者。为了让几百人月、几千人月甚至上万人月的软件工程项目在后期维护阶段便于理解，便于维护，使组织不必过于依赖个人，无论是设计书，还是程序代码，都需要有比较完善的标准化规则。

作业成果标准化的好处是，在开发阶段有利于保证品质和效率；在维护阶段，有利于新鲜血液快速融入，帮助组织顺利地把大规模项目很好地维护下去。所以，在大规模项目的计划阶段，各个工程阶段的作业成果都要有比较一致的格式和构成,统一制作标准和评审标准,这就是作业成果的标准化。

5. 作业规则的标准化

在大规模对日外包软件项目开发中，为了有效分散项目风险，日本发包企业一般会让不同的软件开发商分别负责不同的部分，因此，经常会有东京、北京、上海、成都、大连等地的多家公司一起做一个大项目的情况。为了提高交流和管理的效率，项目组会制定各种作业规则，邮件、文档、程序代码也都有规定的命名规则。

在第 3 章中我们曾经讲过，为了提高效率，减少差错，项目组的邮件标题通常由以下几个部分组成：

【系统 A】+【功能 1】+【处理 2】+【具体信息】

这就是一种作业的标准化。这样的邮件标题虽然有点长，但是在多个地点、多个团队协同开发大项目时，更有助于提高效率、减少疏漏。唯有规则到位，才能帮助大家交流到位。

20.4　标准化的好处

标准化不仅有助于提高品质，提高生产效率，还有助于培养人才。企业如果在技术上、管理上和作业上都实现了标准化，培养人才和评价人才就有章可循，有据可依，企业内人才通用性就会比较高，人才的流动成本就会比较低。

职 场 上

20 年前，北京 ABC 公司给日本 X 株式会社提交开发成果时，客户要求北京 ABC 公司必须同时提交缺陷一览表，提供详细的缺陷分析报告。北京 ABC 公司项目经理回答说："缺陷都改好了，已经没有缺陷了"。日方项目经理说："日本员工做了几十年都还会测出缺陷，你们第一次做，就报告没有缺陷？"他们不能接受这个结果。

日方项目经理认为只有两种可能：一是北京 ABC 公司没有及时记录缺陷，如果是这样，就要补齐；二是北京 ABC 公司根本就没有测出缺陷，那只能说明测试是无效的，那就需要改进方法，全部重新测试。不管这是文化差异，还是管理手法上的差异，北京 ABC 公司都必须正视问题，才能解决问题。中方项目经理只好承认自己测出了很多缺陷，只是没有记录，可以补齐。最后，项目组补齐了缺陷信息，分析报告了缺陷的解决情况，对方判断北京 ABC 公司的产品可以接受了，北京 ABC 公司才正式提交了开发成果。

这里以软件工程项目的标准化为例，简单聊了聊工作中的标准化。希望大家可以举一反三，在真实的工作中摸爬滚打，摸索出适应自己公司业务特点的做事方法并加以标准化。如果暂时还做不到，那就先好好执行公司的各项规定和流程，在工作中慢慢体会和学习。

20.5　关于企业发展的思考

北京 ABC 公司在软件服务外包领域日渐发展，成为行业翘楚，在企业规模、业务范围、营业额和利润等方面，很多年都保持着领先的地位，在日本和中国多地都有分公司或者子公司，并在香港证券交易所成功上市。

十几年前，北京 ABC 公司上市不久，有一次，公司的 CEO 接受媒体采访，有记者问：您的公司发展到上万人规模时，您将会如何管理它？公司的

CEO 回答说：我们还需要继续探索研究，一边探索，一边前行。

公司的 CEO 还是非常实事求是的，那时候北京 ABC 公司确实还没有做好准备。经过多年的观察和思考，北京 ABC 公司开发部长杨小穆感觉自己发现了答案。这个答案其实就是稻盛和夫先生传授给小型美发店业主大串先生的那句箴言：标准化和规范化需要在起步阶段就开始建立。

无论是几百人月的小项目，还是几万人月的大项目，标准化的方法本质上是一样的。

乍一看这些关于标准化的内容与很多人的工作没有直接关系，其实，职场中很多地方都需要有标准化思维，职场人可以在工作中慢慢体会。关于标准化就我们就聊到这里，希望这些内容能够有对大家有所帮助。

职 场 笔 记

第 **21** 章

组织的知识资产

在知识经济时代，知识资产是组织赖以生存和发展的根本动力。它本身不具有独立实体形态，依赖于一定的载体而存在，在一定时期内能为组织带来经济效益。

根据知识的内在特性，人们把知识划分为显性知识和隐性知识两大类。我们通常所说的知识资产是指显性知识和隐性知识的总和。

所谓显性知识，是指可以通过通常的语言方式传播的知识。像以专利、科学发明和特殊技术等形式存在的知识，还有存在于书本、计算机数据库或互联网等其他载体中的知识。

隐性知识的概念是迈克尔•波兰尼在 1958 年从哲学领域提出的，20 世纪60 年代以后，心理学家们又对此进行了深入的研究。所谓隐性知识，往往是个人或组织经过长期积累而拥有的知识，通常不易用言语表达。也不容易传播给别人，或者传播起来比较困难。

理解知识资产的重要性，保护、传承和完善知识资产，是每个组织生存和发展所必需的，也是每个文明发展延续的根本。每一个知识劳动者，都应该为知识资产的创建、发展和传承，做出自己应有的贡献。

职场人也不例外，进入职场之后，要勤于观察和思考，先学习组织的知识资产，再在工作中为完善和发展知识资产做出自己的贡献。

21.1　知识资产包含的内容

一般来讲，一个企业的知识资产包括以下四类：人力资产、市场资产、知识产权资产和基础结构资产。

所谓人力资产是企业员工所具有的群体技能、创造力、解决问题的能力、领导能力、企业管理能力等。毫无疑问，这部分知识资产的载体是企业里的员工。

市场资产是企业拥有的与市场相关的无形资产潜力，包括各种品牌、客户的信赖，长期客户，销售渠道、有利的合同等。有利的合同是指公司凭借其在市场上的特殊地位而取得的有利于公司发展的合同。

知识产权资产包括商业秘密、商标、版权和各种专利。商业秘密是不为市场中的其他商家所了解的某种信息，主要依靠保密或不向外界泄露协议来维持，可以是一项未申请的专利、一个新工艺等。

基础结构资产是使企业得以运行的那些技术、工作方式和流程。这其中包括企业文化、管理哲学、评估风险的方式、财务结构，以及构成企业工作方式的各种成分。它能够使企业安全、有序、正确、高质量地运行。

21.2　知识资产的作用

企业是我们最常见的组织形态之一，在这里，我们聊一聊企业的知识资产。企业的知识资产，是企业的核心竞争力，企业经过长期的积蓄，传承，改进和完善，形成并发展出自己独特的知识资产。

1. 知识资产是企业的核心竞争力

工业化时代，货币资本、生产资料常常表现为企业强大的竞争力，随着知识时代的到来，企业的核心竞争力逐渐从物质资产演变为由一系列技术、规则、文化等组成的非物质资产，并最终体现在与人力资产密切相关的技能、观念等知识资产上。

2. 知识资产是企业获取竞争优势的核心资产

当知识成为被企业拥有或控制、能够为企业带来未来超额经济利益的知识资产以后，才能真正成为企业的核心竞争力。知识具有难以模仿性，必须通过长期的积累和完善，才能形成并发挥切实的作用。

企业的知识资产是如何创建的？又是如何发展和传承的呢？

21.3　知识资产的创建和发展

日本学者野中郁次郎被誉为"知识管理理论之父"，他曾说："最有价值的知识不是从别人那里获得的，而是我们自己创造的。" 以对日软件服务外包行业为例，在 2000 年前后，作为发包方的日本大型 IT 企业刚刚进入中国市场时，绝大多数技术人员和管理人员都不懂中文。在中国方面，对日软件外包服务企业大多起步不久，能听懂日语的软件工程师人数极少，很少有人做过大规模对日软件项目的开发和管理工作。在这种背景下，两个原因促成了这个行业的起步，一是日本 IT 行业人力资源不足，且成本昂贵，二是中国有丰富的 IT 人才储备，且质优价廉。所以，日方大型 IT 公司的经营决策者决定冒险一搏，和中国的软件开发商合作，一起开发大规模应用系统。这个行业的很多知识资产，就是从那个时候开始，从无到有，从少到多，逐步建立起来的。

最早的日中交流指导意见中，有很多细节现在看起来仍然意味深长，譬如，交流初期，大约 20 年前，日方要求双方员工，在交流时注意以下细节：

1. 交流时对日方员工的要求

● 说话速度要慢，尤其是说话快的人，更要注意放慢速度说。

● 说话时注视着中方人员的眼睛，注意中方人员的反应，判断中方人员是否听懂了。

● 避开难懂的词汇，尽量都用简单的单词交流。

- 开会交流之前，必须准备好文字资料作为辅助。
- 如果觉得不容易交流清楚，就在白板上边写边说，直到讲清楚为止。
- 如果中方人员没有提出问题，就反过来提问，确认是否讲清楚了。
- 如果中方人员说没听懂，就认真听中方的提问，仔细解释和说明。

2. 交流时对中方员工的要求

- 如果交流时没有听懂，对任何内容都可以提问。
- 如果交流时没有听懂，可以执拗地坚持提问，直到听懂为止。
- 如果有更好的解决方案，不要怕日语不好，站出来说明自己的想法。
- 交流时不要顾虑太多，该问就问，有什么说什么。
- 如果一个人说不清楚，团队可以帮忙。

3. 对双方会议交流的要求

因为双方之间有语言障碍，日方的交流资料做得非常精细，简单明了，图表多，大段的文字描述少，起到了很好的辅助作用。我记得当时中日双方项目组至少一周开一次远程电视会议，每个电视会议，都必须留下会议记录。讨论了什么、决定了什么、有什么课题……所有重要内容都要记录，开会当日要把会议记录发给相关的人。

考虑到我们的日语资源有限，日语水平也有限，一开始，会议记录都是由日方完成的，后来我们的日语水平日渐提高，慢慢地会议记录改成由我们负责，由日方确认了。一个标准的会议，事前必须有会议资料和会议日程安排，事后必须有会议记录。这样，中日之间的交流模式，就慢慢确立形成了。

4. 日语表达用语集的形成

再举一个非常具体的例子：我们在进行开发缺陷分析时，发现有些开发缺陷是由于我们开发团队对日方设计书理解有误造成的。乍一看，我们的对策似乎就应该是提高大家的日语水平。但开发团队的实际情况是，工程技术人员的日语水平不是一朝一夕可以迅速提高的，懂日语又懂技术和管理的人才，永远都是非常稀缺的资源。

另一方面，当我们聚焦一个个真实的问题时，我们发现，如果能够改进日文设计书的记述方法，就比较容易见到成效。于是，我们和日方整理了一个日语设计书记述用语集，针对母语不是日语的开发团队，引导日本设计团队采用简单明了的日语记述方法，尽量减少误解，从而帮助中方开发团队提高效率。事实证明这个整理非常有效。

我在这里举两个例子：

例 1：日方用日语写"A 为 10 以上"，A 含不含 10，中方人员就可能含糊，如果写成 $A \geqslant 10$，则任何人都不会误解。

例 2：日语里有很多双重否定，真实意思是肯定的表达方式，但是外国人容易误解，双方就约定，设计书不采用这样的写法。

这样的细节虽小，但是如果可以改进，就比较容易见到成效。诸如此类，把容易引起误解的日语描述，逐一列举出来，整理成日语设计书表达用语集。仅此一项，就会减少很多日语起因的开发缺陷的发生。这样整理出的文档，就是组织的知识资产。

同理，我们还在工作中确立了各种管理流程，譬如变更流程、缺陷修复流程、评审流程等，又完善了设计开发和测试的流程。随着时间的推移，在实际应用的过程中，各种管理流程又得到不断完善。有了这些标准规范的管理流程和作业流程，大规模跨国团队的项目开发，才能有条不紊地正常进行，在系统交付时，才不会有大的疏漏。

21.4　知识资产的传承与完善

从无到有，从少到多，由简到繁，再由繁到简，组织的各种管理流程日益完善，组织的各种知识资产日益体系化，这些知识资产通过员工们每日的行动，落实在每一个具体的项目中，落实在每一个客户的需求上，最终体现为组织的执行力和竞争力。

在这个过程中，组织的知识资产得到了不断的丰富和完善，整个组织实现了一种螺旋式的上升，既有传承，又有发展，如此循环往复，不断提高。员工在这个过程中也得以提高，成长为真正的职业达人。

这里再举一个日本的例子：日本独立行政法人情报处理推进机构（简称IPA）下属的软件工程中心（简称 SEC），从 2005 年开始每年都会从日本有信誉的企业收集各种软件开发项目的真实数据，整理成《软件开发数据白皮书》，对外公开发布。

以该组织 2020 年 9 月 30 日发布的《软件开发数据白皮书》为例，截至当年他们收集整理的软件开发项目的样本总数已经达到了 5066 个，而 2011 年的样本总数是 2584 个。我们可以看到，在不到 10 年的时间里，样本总数几乎增加了一倍。该机构长时间大规模地收集整理真实的软件开发项目数据，目的是帮助整个软件行业推进定量的品质管理。

在这个系列的白皮书中，他们划分项目种类（如新项目、维护项目、改良项目等），分别考察项目的规模、品质、效率、开发周期、成本等细节，再进行定性和定量的分析，最后归纳出他们的分析整理结果。随着时间的推移，数据的积累，他们的工作越来越有价值，同时，也有越来越多的企业加入贡献项目样本的行列中。像我们服务过的若干日本知名企业，每年都为这个组织提供真实项目的样本数据。

不仅仅是行业组织，很多日本企业内部，也都有自己的知识资产整理，每年在企业内部发布，供内部员工参考。这样日积月累，使得企业的知识资产不断地被提炼，积蓄，传承，再利用，形成了特有的企业文化，也形成了良性的循环。

其实，组织中每一项知识资产的形成，都是在实际中应运而生。既有的知识资产，可能有不完备之处，或者需要与时俱进，每个人都可能成为组织知识资产的受益者，还可能成为组织知识资产的创建者、贡献者、改进者和传承者。

关于知识资产的创建与发展、完善与传承，在这一章里，我就聊到这里。大家可以在自己所属的领域里多观察、勤思考。在不远的将来，说不定你也可以为你所在的组织创建和发展知识资产做出自己的一份贡献呢！

第 22 章

组织的人才开发

人才开发是组织最重要的经营活动之一。人才是组织的财富。组织为了使自己的成员获取相应的职业意识和行动规范，掌握相关知识和技能，提高成员绩效，提升成员忠诚度，会有计划、有目的、有系统地对自己的员工实施一定的教育和培训，这些教育和培训活动，就是组织的人才开发活动。

职场新人进入组织，需要接受组织的培训，获得职业相关的基本技能，为组织贡献自己的才能，实现自我价值。随着时间的推移，经验的积累，逐渐就会参与到人才开发的活动中。在这一章里，我们借助管理上常用的 PDCA 循环，参照 PDCA 的顺序展开这个话题。

22.1 人才开发如何规划

我们先来看一看组织的人才开发应该如何规划。

首先，我们需要明确组织的目标。组织的目标决定了组织的经营方针，组织的目标取决于组织的价值观，也取决于组织可以为社会提供什么样的产品和服务。任何组织都需要有业绩，譬如企业需要有利润，大学需要培养人才，医院需要治病救人。

其次，我们需要确认组织所需要的关键能力。组织一旦明确了自己的目标，确立了组织的价值观，那么，组织的工作内容和任务就基本明确了。由此，组织内部需要什么样的人才，看中什么关键能力，就不言而喻了。

再次，我们还需要确定组织内部的关键职位清单。一个组织要想完成其经营目标，就需要有一批具备专业素质和专业技能的成员。每个个体都是有局限的，组织的任务就是整合各种资源，让组织的效力最大化。因此，组织需要清楚内部需要设置什么职位，而这些就是关键职位清单。

最后，根据组织的关键职位清单，我们需要制定各个关键职位所需的素质模型。这些基本素质涉及技术的、业务的、管理的等各个方面。组织可以根据自己的需求定义这些关键职位所需素质，并以此为依据，确定人才开发活动的方向。

22.2 人才评价与育成计划

根据关键职位所需的素质模型，组织需要对现任者进行定量和定性的评价，分析差距，再制定具体的育成计划。

1. 定量评价

有了关键职位所需的素质模型，就可以对组织内部的员工进行评价，这需要组织制定各种评价基准。有些素质相对容易评价，如外语水平可以用国际公认的外语水平考试成绩来评价，这是一种定量评价，简单直观，方便易行。

2. 定性评价

在职场中总有一些素质不容易定量评价，这个时候，组织可以根据自己的需求人为地做出定义，进行定性评价。譬如，如果公司要评价员工的系统设计能力，这种能力不直观，不好直接评价，组织就需要制定一系列辅助的评价项目，再适当地可视化，最终给出一个定性的评价。

3. 制订现任者人才培养发展计划

组织根据自己制定的评价标准，针对组织内部看重的关键能力和素质，对员工的技能进行一个评估，为了保证专业性和公平性，可以建立一个由专家组成的评估团队，按照组织制定的标准，给出定量的和定性的评价。根据评价结果，找到目标与现实的差距，制订切实可行的人才培养和教育计划。

4. 制订继任者人才培养发展计划

一个组织要想健康发展，就需要确定人才梯队，既要培养现任者，还需要培养继任者。所以，组织需要明确继任者的人选。

有了继任者的人选，组织就可以根据内部评价体系，对继任者的技能进行完整的评价，从而清楚继任者的现有技能与组织需求之间的差距，有的放矢地进行培养。

最后，组织的经营者需要对人才发展和培养计划进行评审，对实施效果进行检验，并根据检验结果对组织的人才开发计划和策略进行相应的改善。

和所有的管理过程一样，人才开发的推进过程也是按照 PDCA 循环的顺序，通过计划、实施、检验、改善这样的步骤，循环往复螺旋式上升的。

22.3 如何培养和教育人才

组织要根据自身的需求有计划地培养合适的人才。培养人才的途径是多样的，员工的内在成长动力是内因，企业的各种培养手段是外因，外因通过内因才能起到作用。一般来讲，企业培养和教育人才的方法，有以下三大类。

1. 有组织的教育和培训

有组织的教育和培训是一个组织培养和教育人才的常用手段。通常既可以利用组织的知识资产，也可以利用组织外部的适当资源，对人员进行有计划有组织的教育和培训。组织还可以通过集中培训和个别指导相结合的方法，助力组织内部成员的成长。很多企业的新员工入职培训，或者公司内部的专业讲座，都属于这一类。

2. 自我教育

有些技能需要靠员工自学，组织可以提供适当的支持，譬如外语教育，资格考试等。公司可以为员工提供学习环境和相关费用，由员工根据自身情况和需要来决定具体的学习计划。

3. 在岗培训

组织还可以根据关键岗位所需能力和素质，对员工进行在岗培训，英文简称 OJT（On Job Training）。人才的培养不仅依靠培训和教育，还需要在实战中磨炼和提高，组织可以根据业务的发展需要，有目的、有计划地对人员进行在岗培训，即在实际工作中培养人才，这是非常有效的手段。

22.4 如何确立关键岗位素质模型

最后，我们聊一聊关键岗位素质模型，我们在此做一个举例说明。

公司可以把需要评价的内容一一列举出来，每个特性按照人为定义的等级来给员工打分，再进行定性和定量分析，最后，根据评价结果找出差距，再制订人员培养和教育计划。这个过程可以周而复始，不断完善。

在以下这个事例中，我们需要对人员的素质技能做出评价，形成一个素质模型，把抽象的素质具体化、数字化、可视化。

譬如，我们评价一个项目经理的技能，可以考虑以下方面：
- 技术能力。
- 业务能力。
- 管理能力。
- 交流能力。
- 文案写作能力。

这样，一个综合的素质模型就可以初步确立了。然后，公司可以对每个评价项目进行适当的量化，譬如由低到高定义出 1、2、3、4、5 这五个分数等级，并以此为依据给出评价分数，这样就可以让人为的定义和评价具有可比性了。当然，这里只是举了个简单的例子。具体实践中，每个组织都可以根据需要建立自己的实用评价模型。

关键岗位素质模型也是组织知识资产的组成部分。在实际工作中，需要不断地创建、调整、应用、改进，周而复始，不断完善。

22.5 如何确立人才评价体系

组织内评价体系的确立和完善不是一蹴而就的，需要一个过程。以企业为例，一个企业的评价体系会直接影响企业的经营目标能否实现，是企业经营和员工利益直接挂钩的地方，需要企业经营者精心设计和执行监督，并不断改进和完善。

这个环节如果出了问题，经营的思想，经营的策略，企业的价值观，就不能很好地体现到基层。人才评价体系的创立需要基层的参与和执行，还需要经营者的监督和不断改善。人才评价体系需要具体化，可测量，可监督，可实施。

日本独立行政法人情报处理推进机构（简称 IPA）下属的软件工程中心（简称 SEC）定义了一套 IT 技能评价体系。在这套评价体系中，IT 软件外包项目经理的达成度指标被分成 7 个等级，第 7 个等级代表最高级。这里以业务贡献中的规模和专业贡献中的知识传承两个指标为例，说明如何使评价具体化。

业务贡献：

◆ 责任性：

（略）

◆ 复杂性：以下八项中有任意三项达标即可。

（略）

- 规模：以下两种达成任何一种都可以。

    契约金额 500 亿日元，或者契约期间超过 10 年。

    契约金额 50 亿日元，或者契约期间超过 5 年，项目复杂性超过五个条款达标。

专业贡献：

- 在项目管理的以下领域，可以指导他人，技能具有高度的专门性，且业界领先：整体管理、范围管理、时间管理、成本管理、质量管理、人力资源管理、交流管理、风险管理、信息安全管理。

- 对于知识传承的专业贡献：以下项目，至少满足 5 条：专业委员会成员、著书、社外论文、社内论文、社外讲师、社内讲师、有专利。

- 有人才育成的成绩。

业务贡献的规模这个评价标准明确了项目的契约金额和契约期间，还给出了可替代的选项。

专业贡献的知识传承这个评价标准明确了在 7 个选项中至少要有 5 个选项满足，才算达标。可以看出，这样的评价体系操作性强，比较实用。

虽说每家公司都可以有自己定义的标准，不一定采用这个体系，但是它可操作，可测量，可比较的特点显示了良好的实用性，给为数众多的相关企业，提供了专业的方向性和指导性意见。

22.6　本章小结

一个组织，通过长期积累、不断改善，把组织积蓄的经验化为知识资产；再通过人才育成，不断地传承和发展。组织的这些知识积蓄以及人才开发活动，最终会更好地服务组织的目的，执行组织的任务，完成组织的目标。

第 **23** 章

风险管理

风险管理是个人和组织都需要关注的问题。无论是工作中还是生活中，风险无处不在，加强风险防范意识，事前有所准备，采取一些必要的手段和措施予以防范，才能防患于未然。在这一章中，我就和职场人来聊一下风险管理这个话题。

23.1　日本人的风险管理

在日本生活的时候，我发现日本人的防灾意识很强。日本地处地震带，小震接连不断，因为地震频繁，日本人对一般的地震都比较淡定，应对措施也比较充分。日本的建筑，都有很高的抗震标准，他们的防灾教育，更是从小抓起，落实彻底。各处市民体育馆，学校的操场和体育馆，公园等场所，很多都被指定为避难场所，有统一明显的标识。

我在日本参观体验过市民防灾馆。防灾馆中有各种模拟场景，有很多图文、音像资料，最后还有体验环节。在那里，我第一次学习使用泡沫灭火器；第一次学习遇到地震或者火灾时，人应该如何逃生；第一次体验了日本人的防灾教育，感觉非常实用。

我去过防灾馆后才注意到，日本的超市里经常有防灾专用急救包出售，紧急情况下的必需品，譬如绷带、创可贴、手电筒、简易收音机之类，都纳入其中。急救包体积小、重量轻、便于携带，非常实用。

后来在日本租房子时，我发现他们的新建筑又有了很多改进。公寓楼的阳台在上下层之间有一个正方形的避难通道，平时由金属盖封闭，紧急情况下可以不费力地打开，里面自带一个可折叠的梯子，如果发生火灾，就可以利用这个避难通道安全地逃到下一层。左邻右舍的阳台在紧急情况下都可以互通，阳台的隔板上写着，紧急情况发生时可以破坏隔板，进入邻居家的阳台避难。当然，平时没有人恶意使用这些避难专用的应急设施。

由于日本地震频繁，每次地震发生后，国民都会在第一时间收到消息，电视台和广播电台都会插播地震新闻。手机普及之后，听日本朋友讲，地震发生时，还会有地震短信消息发至所有人的手机，就像广播和电视一样，第一时间就有确切的官方发布的统一消息，这样开放透明且及时的信息发布，给人一种安心感，公众不会因为消息不透明而慌乱。

大型台风来临之前，广播电视等大众媒体会有充分的气象报道，还会呼吁民众准备好充足的食物和饮用水，万一灾害导致局部停水停电，民众也能有备无患。大众媒体还会提供具体的防灾指导，譬如为了防止门窗玻璃被高空坠物打碎伤人，建议大家把特殊胶带贴在门窗玻璃上，贴成米字形。他们还会根据情况适当开放避难场所，供居住条件不好的人临时避难使用。

日本作为地震多发国，各种防灾措施都比较到位。譬如我们服务的一些日本大型企业，它们服务于日本的金融领域，这些企业大都有严格的灾难备份和恢复措施，服务器和数据中心等设置在不同的城市，万一灾难发生时，因为有异地备份，数据可以迅速恢复，不影响企业为社会提供正常的金融服务。

多年前有一次我和同事去日本出差拜访客户，晚餐会聊天时，客户的资深项目总监听出我们俩搭乘了同一航班，就确认了一句说："你们两个是搭乘同一航班来日本的吗？"我回答是，但是那个瞬间，我突然意识到，他真正的意思是：你们两个搭乘同一航班来日本出差是有一定风险的。于是我赶紧说："我们下次分开。"他的担心并非没有道理，他们的项目在我们的手上，我们不能出问题，尤其是不能同时出问题。我也注意到我们的日本客户企业，员工即使同一天来我们北京公司出差，也经常刻意不搭乘同一航班。

虽说飞机是最安全的交通工具，但是一旦出问题，生还概率极低。公司的人出差搭乘不同的航班可以分散风险。客观冷静地考虑一下，这是非常有道理的。作为专业人士，风险防范意识是必需的。另外，有些公司给出差的员工购买商业保险，这其实是转移风险的一种手段。

1995 年 1 月 17 日凌晨日本阪神大地震发生，由于神户是日本关西重要城市，人口密集，地震又发生在清晨，因此造成相当多的人员伤亡。后来官方统计有六千多人死亡，四万多人受伤。阪神大地震在日本地震史上具有重要的意义，它直接引起日本对于地震科学、都市建筑和交通安全防范等更进一步的重视。

阪神大地震之后，1995 年 10 月日本设立了危机管理标准商讨委员会，1998 年 9 月颁布了日本的危机管理标准化资料 TRQ0001，又经过多年的改进和完善，2006 年这个资料升级为日本危机管理标准化文件 JISQ2001。2009 年 11 月国际标准化组织颁布了危机管理标准（ISO31000），日本又以 ISO31000 为基础，于 2010 年 9 月发布了日本版危机管理标准 JISQ31000，为各种危机管理提供了原则和指针。

23.2　东日本大地震引发项目危机

2011 年 3 月 11 日，东日本大地震发生。这次里氏 9.0 级的大地震引发了海啸，据统计，地震造成近两万人死亡、两千多人失踪，可谓伤亡惨重。地震还造成福岛核电站核泄漏事故发生。

职场上

东日本大地震发生时，北京 ABC 公司有约二十名员工在东京客户现场出差。由于东京震感强烈，再加上福岛核电站的核泄漏事故，很多在日本工作的员工都受到了惊吓。在中国的家人也担忧他们的安全，有家属把电话打到公司高管手机上，要求让出差员工回国。一时间还有不少员工自行回国，引起客户不满和担忧，北京 ABC 公司的部分业务再次面临中断的危机。

当时，日本客户不满意中国员工自行离开岗位，担忧项目不能按计划完成，而中国企业认为员工及家人认为事关重大，如果公司强制员工留在日本继续工作，员工可以考虑离职，一时间困难重重。

后来，公司经营管理层还是采取了比较人性化的应对方式，对那些要求回国和已经回国的员工，表示谅解，不予惩罚，项目组还利用项目经费为他们承担了一部分回国的费用。对那些责任感强，留在日本坚守岗位的员工，公司予以奖励，并尽可能提供资源和关照，让他们能更好地完成工作。对客户则是尽量做工作，缓和不满情绪，给他们提出可行的替代方案，最终还是达成了相互谅解。

这次危机事件使北京 ABC 公司的经营层和管理层体会到，对于组织来讲，风险管理和危机应对非常重要。地震事件给公司带来了业务中断的风险，非常考验组织的风险应对能力，在大家的共同努力下，公司最终还是渡过了难关。

23.3 识别风险是风险管理的第一步

每个组织的目的不同，运作方式不同，面临的风险自然也会不同。一个组织如果想要管理和控制风险，首先需要识别风险。可以根据组织需要，设立专门的团队进行风险管理，把风险管理作为公司经营和管理的重要组成部分。

这个风险管理团队需要识别组织可能面临的所有风险，评价这些风险对组织的影响范围及影响程度，然后确定规避风险的手段，再明确相应的计划和对策。当然，风险管理需要有经营层的承诺和参与，经营层需要监控风险对策的执行情况，根据需求持续改进，按照 PDCA 循环的顺序，周而复始地循环进行。

如今，每年因为工作、留学、旅游等原因出国的中国公民越来越多，国际化的深度和广度都是前所未有的。每年都会有一些出国人员遭遇不幸的极端事件见诸报端，这些事件触目惊心，令人心痛，其中有很多悲剧的发生源于当事人的风险管理及风险防范意识不够。风险管理不是别人的事，是我们每一个人在工作中和生活中都需要留意的事。

23.4 职场风险管理的各种事例

首先，我们一起来聚焦一个职场风险管理失败的事例，这个事例就是日本京都动画公司的火灾事件。

2019 年 7 月 18 日，一名男性进入位于日本京都的京都动画公司的工作室，倾倒类似汽油的液体，随即引发爆炸与大火，共导致 36 人遇难，该公司所在的三层建筑物被全部烧毁。翌日，日本京都警方宣布，京都动画公司的火灾事件系人为纵火杀人案。

根据媒体报道，第一批 33 名遇难者中，有 19 人被发现倒在事发建筑物三楼通往楼顶的楼梯上，事发时他们试图逃向楼顶，但是无法打开连接建筑物三楼和楼顶的门。不过事后调查结果却显示，这扇门是可以打开的，只是事发时大火带来的浓烟迅速扩散，以至于这些人根本无法开门逃生。京都动画公司是一家高水平的动画创作公司。公司拥有了一批优秀的动画人才。受到此次突发事件的直接影响，原定于 2019 年 7 月公开的一系列动画作品被迫延期甚至取消。事后又有 3 人在医院离世，火灾造成 36 名动画人才失去生命，损失非常惨痛。

像动画制作这样的创意性劳动，作为知识劳动的一种，他们的产品是如何备份及如何确保安全的，我们不得而知。但是从相关报道来看，京都动画公司的产品基本都是纸质状态，所以这次火灾损失惨重。而且从相关报道看，他们的风险管理肯定是不到位的，防火防灾的日常检查和训练也是缺失的。这一惨案真是非常令人痛惜。

在我们的日常工作中，如何防范和规避各种风险呢？接下来，我来分享两个身边的职场小故事。

职 场 上

北京 ABC 公司有一项福利，就是公司承担费用组织员工旅行，一年一度，多年来很受员工的欢迎。因为公司规模较大，很多时候员工旅行基本上是以部门为单位。记得有一次杨小穆所在的部门计划员工旅行时，报名员工人数有 200 多名，需要租用 5 辆大巴车。看到助理提交上来的计划时，旅行的潜在风险让作为责任人的杨小穆感到深深的不安。

于是杨小穆指示助理，要选信誉好的、可靠的旅游公司，多花点钱没关系，要确保车辆和司机都可靠，线路要安全，还要让旅行社给全员上旅行伤害保险，杨小穆还安排了专人事前踩点儿。最后做成书面计划，下发全员。员工分组，手机号共有，有问题及时联络，每晚清点人数。

当时杨小穆负责的团队超过 250 人，同时做着 5~6 个大客户项目。如有闪失，不仅员工的安全有风险，客户的项目和公司的业务都会面临风险，不可掉以轻心。

杨小穆他们的做法也许看起来有点小题大做，但是，企业有一个基本的风险意识，再加上必要的防范措施，员工旅行才能安全、安心。后来，公司以更小的团队为单位组织旅游，措施更完善，风险分散和风险转移也更加有效。

聊完了员工旅行的风险管理，接下来，我们再聊一下项目的风险管理。

给日本企业做项目，有时也伴随着一些特定的风险，需要有适当的风险管理。比较常用的一种防范风险的方法就是小规模试做。通过试做小规模项目发现问题、验证计划、完善措施，确保大规模开发顺利推进。

职 场 上

日本X株式会社在第一次决定把大规模项目发包给中国公司开发时，为了规避风险，事先选了多家中国的软件开发公司，将若干个小项目发给多家中国公司同时试做，通过结果比较，选定最终的合作伙伴。

当初北京 ABC 公司和另外一家公司被选中做相同的小项目试做开发，时间是一个多月。日方团队给出同样的需求、同样的资料、同样的讲解、同样的时限，两家软件开发商各自着手处理，互相都不知道对方的存在，自然不可能有任何交流。结果，北京 ABC 公司胜出，另一家公司被淘汰出局了。

后来日本X株式会社的项目经理告诉杨小穆，在一个多月开发时间内，北京 ABC 公司提出了 30～40 个问题，当然，都得到了日方的回答。通过这些问题，日方可以判断北京 ABC 公司进展到哪里了，理解得对不对。而另外一家参与试做的公司在这一个多月的时间里没有提出一个问题，与日方一点联系都没有。验收时间一到，北京 ABC 公司基本完成任务，而另一家公司从根本上理解错了任务，所以也就完全没有机会了。

试做这个方法对甲乙双方都非常有效，通过试做可以发现生产效率如何，项目的难度如何，公司能够以什么价格接受甲方发包，公司的盈亏线在哪里，提前发现诸如此类问题，对后续大规模开发非常有利，这是规避风险的有效手段之一。

其实，大规模项目开发之前的小规模试做，只是风险防范的手段之一。在实现项目中，还有其他方式分散风险，譬如日本客户的大项目一般都同时发包给多家伙伴公司，目的有三层：一是分散开发风险，二是引入竞争机制，三是保护日本企业的核心知识资产不容易外流。

再有，风险管理也有明显的地域特性，譬如日本地震多发，地震应对措施就比较完备；而北美因为冬季经常有暴风雪肆虐，严寒可能威胁生命，积雪可能影响出行，所以，北美应对暴风雪的措施就比较到位。

人无远虑，必有近忧。无论是组织还是个人，危机事例不胜枚举，风险防范和风险管理的意识都不要松懈。

23.5　延伸学习：风险管理标准（ISO31000）

风险管理标准（ISO31000）明确了风险管理的原则、框架和流程。该标准给出的风险管理的原则、框架和流程，具有普遍性和指导性，组织需要根据自身状况加以具体运用。全球已经有五十多个国家将 ISO31000 采纳为国家风险管理标准。

风险管理是为了保护和创造价值。风险管理需要经营层有承诺，并落实到具体执行团队，作为日常经营和管理的一部分，在识别风险和评价风险的基础上，制订出应对风险的计划并付诸实施，监控执行状况，按照 PDCA 循环的顺序，循环往复，持续改善。转移风险、分散风险、消灭风险源，或者对冲风险，都是具体的策略和手段。

总之，无论是组织还是个人，都需要具备风险防范意识，对风险保持敏感，把风险管理作为日常工作的一部分，努力把风险的影响降至最低。

第 **24** 章

团队管理

美国著名管理学家斯蒂芬·罗宾斯是这样定义团队的：团队就是由两个或者两个以上相互作用、相互依赖的个体，为了特定目标而按照一定规则结合在一起的组织。斯蒂芬·罗宾斯是美国著名的组织行为学的权威，他的研究集中在组织中的冲突、权威及有效人际关系技能的开发等方面。

即使是一个小规模团队，譬如说只有两三个人，如果运作得当，其执行力和成果完全可以超过单独个体的力量总和。譬如著名的苹果公司，在初创阶段的主要成员只有乔布斯和沃兹尼亚克两个人，但是他们一个做产品，一个做营销，成为最佳搭档，成就斐然。

在现代社会中，很多事情靠单打独斗都不可能完成，为了克服个体的局限性，人们创建组织，组成团队，协调配合，力求优势互补，实现团队的目标，达成共同的使命。

当我们进入组织时，也就是加入了团队。那么一个团队是如何运作的呢？在这一章里，我们就来聚焦这个话题。

24.1　团队应该如何运作

我们知道，团队是由团队成员组成的一个共同体，这个共同体需要合理利用每一个成员的知识和技能，协同配合，解决问题，达成共同的目标。在一般情况下，团队中每个成员都有不同的技能、不同的经历、不同的性格，这些因素综合在一起会产生相乘效应，会使整个团队更加高效，会使团队的力量远远胜过个人的力量之和。

一个团队为了实现共同的目标，应该具备什么职能呢，我们简单归纳一下：

（1）团队需要有明确的目标。

（2）团队需要有明确实现目标的步骤、规范和手段。

（3）团队需要制定明确评价的机制。

（4）团队需要明确关键岗位所需技能。

（5）招募成员，并对团队成员进行必要的培训。

（6）按照既定步骤，遵循团队规范，团队成员共同协作实现团队的共同目标。

（7）团队需要阶段性地分析执行结果，进行必要的调整和完善。

（8）与相关各方进行沟通，确保团队能够实现目标。

上面的内容看起来有点多，我们把这 8 条归结为 PDCA 循环，就不难理解了。前文我们提到过，PDCA 循环包含 4 个过程：计划（Plan），执行（Do），检查（Check），处理（Act）。在这里，（1）～（3）属于计划阶段，（4）～（6）属于实施阶段，（7）则属于检查与完善，而（8）则是贯穿始终，是所有团队所必需的。因为团队是多人数协同作战，团队沟通必不可少，非常重要。

接下来，我们以项目为例，来具体看看团队运作的细节。

在项目管理知识体系中为项目所做的定义是：项目是为创造独特的产品、服务或成果而进行的临时性工作。按照这个定义，很多活动都可以称为一个项目，譬如以下几个：

● 开发一项新的产品或者服务。

● 筹划和举办一项团体活动（如举办一次公司的新年会）。

⬥　策划并实施一次自驾游。

在这一章里，我们以一个小型团队的一次德国自驾游为例，聚焦一下一个团队是如何运作的，看一看一个团队的负责人，是如何计划和推动团队实现目标的。我觉得，这个例子比职场上的项目更有趣，也更容易被大家接受和理解。

从一次自驾游看项目计划的制订

我的朋友茜茜和她的亲友们组成了一个 6 人团队，他们计划用 15 天的时间，完成了一次德国自驾游。我们可以把这次出游看成是一个 6 人的团队项目。茜茜因为在德国居住生活多年，自然而然成了主要的计划制订者。

茜茜是如何制订计划的呢？他们一行 6 人，自由行的时间为期 15 天，当然他们还有自己的预算，因为是出国旅游，所以需要办签证，订机票；因为是自驾游，所以还需要租车，计划路线，当然，还需要预订酒店，而且必须提前，仔细一想，事情还蛮多呢！

办签证、订机票、计划行程路线、订酒店，每件事都需要逐一去落实。在计划阶段，最重要的是先把行程确定下来，因为机票、酒店、租车、都依赖于他们的行程计划，所以，在计划阶段，确定行程就成了关键任务。

很自然地，一行 6 人中的其他 5 人都把这个重担交给了茜茜。不用说，因为团队中其他人没有去过德国，大家都希望在限定的时间和预算内，尽可能多看几个景点，让旅途充实些，作为这个团队的领导者，茜茜却一时为难起来。

有人说"旅游就是从自己待腻味的地方到别人待腻味的地方去"。茜茜在德国生活多年，很多地方都去过了，对于第一次去德国的朋友来说，如何安排最理想，她也一时想不好，于是她想出了一个好办法，发动大家帮助她一起计划。她让团队里每个人都提出两个最想去的目的地，再由她来归纳整理，规划 6 人团队的统一行程。

朋友们都觉得这个主意不错，很快给出了反馈，茜茜负责把这些景点串起来，根据地理位置，规划出最佳行程，再根据这个行程，确定北京到德国往返的机场和航班，以及各处的住宿酒店。

在订酒店时，茜茜确定了几个主要指标：首先是地点，每个酒店最好在沿着他们行程的路上；其次是价格，酒店价格要合理，每晚一个房间 80～100 欧元比较适合；再次，他们还需要看看网上评分，当然，如果参与评分的人太少，就算是评分高也不具备多大参考价值；如果参与评分的人比较多，譬如超过 50 人，而且评分不错的话，这样的酒店就可能是一个比较理想的选择。最后，还要确认一下酒店有无 Wi-Fi 服务，因为就在前几年，还有不少德国的酒店不提供 Wi-Fi 服务呢。

他们计划每天大约的行程约为 200 公里，15 天下来，总行程将近 3000 公里。6 个人中只有茜茜一人有德国驾照，这可不太方便，于是，她又做了进一步调查，了解到旅行者持中国驾照只要做了翻译公证，就可以在德国开车了，这样一来，他们一行就有 3 个资深驾驶员，大家可以互相替换，轮流休息，这样驾驶员的问题也解决了。

为了尽可能高效地利用白天的时间，他们计划每天早饭要在酒店吃饱吃好，白天尽量观光和赶路，中午就在路上随便吃一点，每天晚上在入住的酒店附近再好好喝啤酒，品美食。

为了借旅游机会，对德国的历史和文化有一个学习和了解，对于每一个他们即将参观和拜访的景点，茜茜都提前在网上查好相关的资料，并打印出来，6 人小团队人手一份，以便在旅途间隙，大家可以阅览学习，这些资料能够帮助大家了解德国，更好地享受这次德国之旅。

如果我们将这次德国自驾游看作一个项目，将这个 6 人小团体看作一个团队，茜茜就是项目经理。在这个项目中，这个团队的任务我们已经大致了解了，再以团队运作和项目管理的视角，简单归纳如下：

- 团队目标：德国自驾游，全部行程大约 3000 公里，每天行程 200 公里。
- 项目时间：全程时间 15 天。
- 团队成员：亲朋好友组成的 6 人团队，来自 3 个家庭。
- 项目行程：目的地是由大家选出的 8～10 个城市，根据实际情况，个别行程可以微调。

- 团队预算：××××欧元，每日酒店预算 80～100 欧元，每日餐饮×××欧元。
- 成员准备：各自办理签证，统一订北京到柏林往返机票。
- 驾驶员人数：有经验的驾驶员有 3 人，旅途中可以相互替换，需要办理翻译和公证。
- 每日餐食：为了节省时间，每天早饭晚饭吃饱吃好，午饭简单一点，晚餐在酒店享受美食。
- 具体景点：每个游览地点的历史、文化、饮食、观光等资料，由团队领导者准备。
- 住宿酒店：按照位置，价格，网友评分，有无 Wi-Fi 等标准来考虑，由团队领导预订。

我们可以看到，麻雀虽小，五脏俱全，这样一次德国自驾游就是一个完整的项目；3 个家庭就是一个 6 人的团队，茜茜就是这个团队的项目经理。为了策划好这次行程，做足了功课，在和大家充分交流的基础上，制订了一个完美的团队计划，这个计划令每个成员都充满期待。当然，这个亲友团是自发组织的，不需要招募和培训。也不存在团队磨合的问题。

我们还可以看到，选择景点的办法，确定酒店的标准，司机人选的考量，每天一日三餐的安排，每日行程的长短，他们都有自己的原则和考虑，在行程开始之前，大家都知道这个小团队的目标，还知道达到目标的步骤和手段，知道每一个具体的安排，以及这些安排背后的原因。所有计划还有准备工作，都为这个 6 人小团队的行动提供了一个很好的基础，可以说提供了成功的保障。

当然，他们做计划时也留出了一些余量，如果有计划外的事情发生，他们可以有调整的余地。这也是非常符合项目的风险管理的，管理的办法就是提前留出时间上的余量，便于临时调整。

24.2　团队应该如何打造

在这一章里，我们看一看如何打造一个好的团队。

继续上面的例子，即使是一个小规模团队，仍然需要明确团队成员的职责。譬如这个德国自驾游的 6 人小团队里，只有茜茜一个人懂德语，那么出门交流就全靠她了。不仅如此，计划行程，提前租车，预订酒店都是由她来计划并完成的。

另外，这个小团队里，有 3 个资深驾驶员，在这个 3000 公里的行程中，他们就可以互相替换，共同完成目标。

还有，这个团队中还有摄影高手，他自然就承担了为大家拍照的任务。这个团队中还有写作爱好者，业余时间一直运营自己的微信公众号，他们的游记就被他精彩生动地记录了下来。

不难看出，在这样一个行动中，团队人数也是恰到好处，譬如一起出行时租一辆 9 座轿车，可以容纳全员，空间还略有富余，可以放置行李。而且 6 个人小团队比较容易交流，如果哪天遇到情况需要对行程和计划做小的调整，他们商量一下，也很容易达成一致的意见。这个团队成员技能互补，又有信赖关系，大家组成团队一起行动，总体效果远好于个人出行。

其实，这个团队的人数也恰到好处，不仅是共同搭乘一辆 9 座轿车这么简单。有研究表明，一个人可以直接管理的人数，7 个最佳，一个交流充分的理想团队，其规模是 5～10 人，在这样的团队中，每个人基本都可以尽情发表意见，同时又汇集了多样的天赋和个性，能够以创造性的方式解决实际问题，而团队的交流成本又比较低。

接下来，我们归纳一下，一个团队应该如何打造，以下要点可以参考：

- 明确团队的目标和目的。
- 明确实现目标的步骤和方法
- 根据组织所需技能列出关键角色清单，确定团队所需要的各种技能。
- 根据角色清单和技能要求，招募团队成员，提供必要的教育和培训。

24.3　团队领导者的职责

团队领导者的职责包括领导团队、管理团队和专家职能。领导团队和管理团队是完全不同的两个概念，如果只是单纯地管理团队，还算不上是一个真正的团队领导者。我们常年和日本企业做项目，他们一直强调，团队领导者不是单纯的管理者，为了区别"领导"和"管理"的含义，他们用日文假名的 Management（英文即管理）来代表团队负责人的领导职能，用汉字"管理"来代表团队负责人的管理职能。在团队中领导者自己也要承担一定的工作，不能把所有的任务都分配给别人，外行领导内行是行不通的。

领导者还需要让团队的工作都公开透明，譬如大家说了什么，做了什么，结果如何，下一步的计划是怎样的。只有团队的工作公开透明，团队领导者才能有效地领导团队。团队成员也越容易交流，更容易理解和接受团队的安排和规则。

继续来看这个德国自驾游的例子，茜茜作为这个团队里唯一的德语资源，承担了计划行程、预订酒店、预订租车等主要任务，既要征求大家意见，又要明确告诉大家团队的选择策略，再和大家分享工作进展，所以茜茜既起到了领导团队的作用，又发挥了专家的职能，符合团队领导者的角色职责。

24.4　组建团队的启动会议

接下来，让我们暂时忘掉德国自驾游，回到职场，看一看组建团队的启动会议是怎么回事，应该如何组织。

在职场，团队一般都是因项目而组建的，大家在一起合作完成一个临时性的任务。一开始，团队成员之间可能彼此并不熟悉，为了在一起更好地配合协作，团队组建之初，一般会召开一个团队启动会议。这个启动会议的主要目的，归纳起来有以下几点。

- 向大家明确组织的目的和目标。

- 制定团队规章制度，譬如组织规范、作业流程、交流方式等。

- 树立团队的价值观，提高凝聚力。

- 让团队成员互相自我介绍，加强相互了解，为进一步合作打好基础。

为了让团队成员之间建立信任关系，每个成员都有集体归属感，一般在项目启动时，团队会有一个启动仪式，我们叫它启动会议，在这个会上，团队领导要介绍项目计划，宣布项目体制，共有项目章程，发布各种作业标准，最后，让团队成员自我介绍，互通有无，为日后的团队合作打下良好的基础。

不仅是职场同事，就算是为期一天的临时项目，临时组成的团队也需要有一个启动形式，至少需要有一个破冰的活动，让团队成员熟悉起来，便于大家快速建立联系，配合工作。

职 场 上

北京 ABC 公司项目经理刘小明去日本参加过项目经理的培训会，他分享了一个有意思的经历：培训会的参加者都是来自不同公司的日本人，参加培训的 20 人被随机分成 4 组，每组 5 人，这个 5 人团队，需要在一天的时间里，完成一个虚拟项目的计划。因为大家素不相识，主办方就为大家安排了一个有趣的破冰活动。

这个破冰活动是这样的：每个小组在 5 分钟之内，尽可能多地找出由三个汉字组成的汉字（如"品""霜"），越多越好，多者为胜者。结果大家很快活跃起来，短短 5 分钟，白板上就写满了符合要求的很多汉字，时间一到，各组派代表按顺序发表，这短短的 5 分钟破冰活动，让大家彼此熟悉起来，这就是启动会议的意义。

24.5　团队的矛盾管理

没有什么组织是一帆风顺的，团队矛盾多少都会有，团队矛盾一般有以下几种情况：

- 成员对团队的贡献不均等。
- 团队成员之间缺乏必要的沟通。
- 团队权限设置不合理。
- 内部意见分歧。

对于团队常见的问题，团队的领导者不能视而不见。要积极促进团队成员交流，调整好利害关系，让人尽其才，物尽其用，让多劳者多得，切忌大锅饭。

能者多劳往往是团队常态，这就需要奖励机制和评价机制能够跟上，让贡献大的员工被大家看到，被团队认可，让项目成员的收入和贡献挂钩，还要让项目成员在得到认可的同时还能够得到职业成长的机会，只有这样，团队才可能健康运转。

我们中国有一个寓言，说的是一个和尚挑水喝，两个和尚抬水喝，三个和尚没水喝。其实，在心理学上，这个现象和社会懈怠有关。

社会懈怠指个体作为群体中的一员进行群体活动时，降低自己的努力程度和表现水平，个人所付出的努力比单独完成工作时偏少的现象。在工作任务界定不明确、个人工作成果不易被观察、群体规模较大时易于产生社会懈怠，这主要原因是群体工作时责任分散所致。

科学家做过拔河实验，证实了社会懈怠现象的存在。在实验中，选手们在群体拔河比赛中所付出的努力，仅有个人单独努力之和的一半。这和三个和尚没水喝是一个道理。

社会懈怠是一种跨文化的现象。在集体主义社会中，社会懈怠没有个人主义社会强。

了解了社会懈怠这个现象，也知晓了产生这种现象的原因，在团队管理时，就要注意职责分担清晰，评价标准明确，使得每个个体的贡献和个体的效能都可以测量，可以评价，可以被看到，这样，社会懈怠就会得到有效的改善，团队的效率就会大大提高。

在实际组织中，团队组建之初会有一个磨合期，团队成员彼此之间需要一个相互适应的过程。这个阶段团队领导要善于引导，用共同的价值观来凝聚整个团队。还要考虑团队成员之间技能和性格方面的特点，最好能够优势互补，让团队的综合实力最大化。

如果团队内部矛盾真的不可调和，团队负责人也可以考虑人员调整。总之，团队管理者需要一切以团队目标为导向，以完成任务为己任，克服困难，团结一切可以团结的力量，带领团队实现目标。

当然，团队内部成员之间有时候会有不同意见，这未必是坏事。一个有活力的团队，应该允许不同意见存在，反过来，如果凡事都全员意见一致，那就需要引起注意，未必是正常现象。但是，团队最终还需要一个决策者，做出最后的决定。

一般来讲，团队中个人要服从组织。团队成员表达不同意见时，要用适当的方式，如果是上级指导部下，可以通过适当提问的方式，促使对方思考，而不是直接否定对方的结论，这样迂回的做法可能更加有效。还有一种方法，就是团队内部可以适度保留不同意见，让上级或者客户来做最终的评判。

24.6 和团队有关的心理学小常识

真实的职场团队规模更大，要完成的任务也更加复杂，团队领导者最好了解一点心理学，心理学相关的小知识在实际中非常有用，这里举两个例子，即罗森塔尔效应和群体极化。

罗森塔尔效应亦称"皮格马利翁效应""人际期望效应"，是一种社会心理效应，指的是教师对学生的殷切希望能戏剧性地收到预期效果的现象。这个效应由美国心理学家罗森塔尔等人于1968年通过实验发现。

1968年的一天，美国心理学家罗森塔尔和L.雅各布森来到一所小学，说要进行7项实验。他们从一至六年级各选了3个班，对这18个班的学生进行了"未来发展趋势测验"。之后，罗森塔尔以赞许的口吻将一份"最有发展前途者"的名单交给了校长和相关老师，并叮嘱他们务必要保密，以免影响实验的正确性。其实，罗森塔尔撒了一个"权威性谎言"，因为名单上的学生是随便挑选出来的。8个月后，罗森塔尔和助手们对这18个班级的学生进行复试，结果奇迹出现了：凡是上了名单的学生，成绩都有了较大的进步，且性格活泼开朗，自信心强，求知欲旺盛，更乐于和别人打交道。

实验者认为，教师因收到实验者的暗示，不仅对名单上的学生抱有更高期望，而且有意无意地通过态度、表情、体谅和给予更多提问、辅导、赞许等行为方式，将隐含的期望传递给这些学生；学生则给老师以积极的反馈；这种反馈又激起老师更大的教育热情，维持其原有期望，并对这些学生给予更多关照。如此循环往复，以致这些学生的智力、学业成绩及社会行为朝着教师期望的方向发展，使期望成为现实。

团队管理者可以善用罗森塔尔效应，譬如，客户表扬了某个员工，团队领导要及时地传达给他本人，如实、快速地传达这样的信息，员工的积极性会得到更大的激发，更愿意为团队的目标而努力。团队领导也可以适时地鼓励员工，表达期待，只要态度真诚，员工一般都会有积极的回应。

团队里还有可能出现一种现象，叫作群体极化，亦称"冒险转移"。群体极化是指在群体决策中往往表现出一种极端化倾向，或转向冒险极，或转向保守极。

在早期的一项群体极化的研究中，要求被试者决定是接受有保证而没有兴趣的工作，还是接受有风险但有兴趣的工作。在每个被试者把自己的选择拿到群体中进行讨论后，再要求被试者决定他们的选择。结果发现，被试者如原来的选择比较冒险，则在群体讨论后更加冒险；如果原来的选择比较保守，则在群体讨论后更加保守。

群体极化具有双重意义。从积极的一面来看，群体极化能促进群体意见一致，提高群体内聚力和群体行为的一致性。从消极的一面看，它能使错误的判断和决定更趋激化和极端。群体里如果没有了反对的声音，未必是一件好事，需要引起警觉。

对群体极化现象产生的原因有多种解释，其中有两种理论得到较多研究的支持。

（1）说服论据理论，认为人们在听取别人支持自己原来立场的论据以后，会变得更相信自己的观点，从而采取更极端的立场。

（2）社会比较理论，认为人们通过把自己与他人做比较来评价自己的观点。当人们在群体讨论中发现别人与自己的观点相似时，他们不愿停留在一般水平上，而倾向于采取极端立场，以表明自己比一般水平更高一些。

真实的团队管理远比教科书复杂得多，这就需要我们理论与实践相结合，在实践中不断磨炼，深入体会，才能慢慢找到感觉。

职 场 笔 记

第 **25** 章

信息安全管理

现代企业对信息安全要求很高，信息安全问题是经营者和管理者普遍重视的问题。欧美企业，日韩企业都非常重视信息安全，我们中国企业也不例外。

多年来，我们对日软件服务外包这个行业也遇到过这样或者那样的问题，有时触目惊心，有时命悬一线，有时又峰回路转，可以说是跌宕起伏，走过不少弯路，有过很多经验教训。

在这一章里，我就聊一聊信息安全管理。当今职场，信息安全管理是日常管理的重要组成部分，是每个职场人士都必须知晓的。

25.1　门禁权限是有限的

最近与一个"95后"年轻朋友聊天，得知她在一家知名韩国企业工作。她们的入职培训除了公司业务，还包括信息安全管理。职场中每个不同的业务部门在物理上是隔离的，所有办公场地的出入口都设置了门禁，还有摄像头录像监控，没有权限无法出入；每个员工只有自己部门的工作场地出入权限，其他部门的工作场地是没有权限进入的；公司以外的人禁止进入办公场地，如果是客户来访，必须由公司内部人员陪同……相关管理规定非常细致。

交流中我发现，虽然领域不同，工作性质不同，公司所属的国家不同，信息安全方面的规定却高度相似。

职 场 上

某日，北京 ABC 公司开发部长杨小穆和来访的日本客户有会。客户刚到会议室，就很不满意地告诉杨小穆，早上看到北京 ABC 公司有一个员工，手里拿着 4~5 个门禁卡，一一刷卡，之后进门。客户说，员工的门禁卡就是员工的身份证明，有权限才能进入开发现场，你们的员工把自己的门禁卡交给别人，那门禁卡还有什么意义呢？

经核实，杨小穆得知，员工早上到达公司后，先去员工食堂吃饭，为了不影响考勤打卡时间，就把门禁卡交给自己的同事代替打卡，然后吃完饭再随着其他有卡的同事进门。但是，这些行为是信息安全条例严格禁止的。

北京 ABC 公司再次教育全体员工，要正确使用员工卡。同时，公司在每个出入口安装了摄像头，每个月设置专人进行信息安全抽查，以此为监督手段，督促全体员工严格遵守信息安全规则。

25.2　工作环境是独立的

在很多国际职场，公司的工作场地在网络上与外界是隔离的，工作用的计算机对外不能收发邮件，也不能上网。之所以这么做，是很有道理的。

职 场 上

　　北京 ABC 公司有一个大客户，每年发给公司的业务量占公司整体业务量的 30%～35%，是公司非常重视的客户。某日，客户相关部门的人发来邮件，说在中国的互联网上查到了北京 ABC 公司为他们开发的应用系统的源代码，客户非常气愤，勒令北京 ABC 公司迅速查明原因，消除影响，并且制定预防对策，绝对不能容忍类似情况再次发生。

　　经过内部调查得知，某员工白天在公司做开发，晚上回到家还想继续学习，他就把自己正在开发的代码，传到了自己的博客上，结果，这段代码就这样轻易地进入了互联网，在网上查找关键字就可以看到这段代码，按照编程规约，公司名、客户名、机能描述还有注释信息都在这段源代码中，确实泄露了客户的一部分信息。

　　更糟糕的是，一旦上了互联网这个平台，即使删除了源头的信息，快照信息仍然有效，要滚动 2～3 个月，才能完全消失，这件事使客户非常不满。所幸的是，泄露的只是一段不足 2000 行的代码，对于整个项目来讲，微乎其微，没有引起更加严重的问题。

　　这个事件发生以后，北京 ABC 公司从组织上做了整改，完全断绝了开发局域网与外部公共网络的连接，从环境设置上杜绝了这种可能性。因为这个改进措施比较彻底，最终得到了客户的谅解。

　　如果没有这样的恶性事件发生，开发局域网与外部公共网隔离一事，估计可能会招致员工反对和不满。但是，发生了这样的事情，导致了比较严重的后果，再采取这样的对策，大家就比较理解容易接受了。从这个意义上讲，坏事也变成了好事。

25.3 办公场所以外不谈客户和工作

记得成龙电影《警察的故事 2》中，张曼玉扮演的警察的女友，在满员电梯中没有提高警惕，告诉女伴自己的男友是警察，结果被同乘电梯的坏人听到，坏人把她绑架了。当然接下来的剧情大家可能知道，成龙扮演的警察和坏人斗智斗勇，最终解救了女友。

在真实的职场中，从信息安全的角度讲，绝对不能在公共场合谈论应该保密的信息。公司每年进行信息安全检查和信息安全教育时，都会强调这一点。

有这个电影的场景做例子，我们就比较容易理解这个规定的合理性，也就易于执行了。如果员工到日本的客户场地出差，客户的所有信息安全规则都要遵守，不允许在电梯间谈论工作和客户，便是其中的注意事项之一。

另外，日本人在电梯间通常是不说话的，这个值得我们学习。我们的员工一开始不太注意这一点，后来，公司对员工进行了出差教育，情况就有了很大的改善。

25.4 来源不明的邮件不打开

也许还有人对那个著名的"I LOVE YOU"病毒记忆犹新。该病毒来源于一封携带附件，标题为英文"I LOVE YOU"（我爱你）的电子邮件。一旦用户打开这个邮件中的附件，计算机立即会感染"I LOVE YOU"病毒。感染病毒的计算机将向微软的 Outlook 地址栏中所有的联系人自动转发病毒邮件，同时本地计算机硬盘上的图像文件 JPEG、语音文件 MP3 及某些其他文件都将自动丢失。

"I LOVE YOU"计算机病毒于 2000 年 5 月 3 日首次出现，在 2000 年 5 月 4 日这一天，"I LOVE YOU"病毒快速传播，许多知名大企业不得不决定临时关闭电子邮件系统。据报道，这个病毒一天之内就感染了几千万台计算机，给全球带来 100 亿～150 亿美元的损失。这个事件教育了所有计算机用户，来历不明的邮件不能打开。

企业为了确保信息安全，经常进行各种信息安全检查，内部的、外部的，还有 ISO27001 的年度审查。面向员工的信息安全教育也需要年年实施，问题发生时，无论是自己公司的还是其他公司的事件，都要全员展开，周知共有，可以说信息安全需要年年讲，月月讲，天天讲。

25.5　客户的信息要妥善保管

客户信息的保管看起来不难，实际上做好也不容易。我在此分享几个职场故事。在这些故事中，客户信息都没有受到妥善保护和保管，还好最后都得到了补救，只是，我们不能保证每次都可以那么幸运。

职场上

北京 ABC 公司人力资源部部长关小米经常在网络上搜索关键字，查找应聘信息，希望招募到合适的开发人员。某日，她无意中发现了一个离职员工的信息泄露问题。

原来，北京 ABC 公司一个离职的员工在找工作，为了表明自己的职业经历，他就把以前在北京 ABC 公司为客户开发的系统有什么功能，如何构成的，都写到了个人工作经历中。他本来是为了给自己加分的，但是，他这样把客户及其系统的真实信息放在自己的工作简历中，放在开放的网络环境中，严重违反了信息安全准则，也暴露了自己信息安全意识的薄弱。

北京 ABC 公司人力资源部部长关小米立刻找这个员工谈了话，给他讲了利害关系，告诉他作为一个职场人，在应聘新公司职位时，无视原来公司的信息安全规定，公开项目的细节是很不恰当的表现，正规公司是绝对不会聘用这样不懂得信息安全的员工的。

正确的做法是，员工在写求职履历时，可以在职务履历中记录参加过某知名公司信息系统的开发，担任过什么角色等，但应避免泄露客户和项目的具体信息。该员工理解了公司的立场和意见，很快就删除了求职履历中不该公开的信息。

职 场 上

某家公司给日本 X 株式会社开发系统软件，开发环境是日方技术专家帮助构建的，日方还提供了一套安装开发环境的专用光盘，一共 6 片。3 年后，项目开发结束，日文要求返还安装光盘。结果，由于中方公司人员更替，当初的保管人已经离职，一时间，公司里谁都不知道那一套安装光盘放在哪里了。

于是，中方项目经理报告日本 X 株式会社，安装光盘找不到了。这一情况引起日本 X 株式会社极大不满，他们认为中方公司的信息安全管理问题非常严重，强烈要求必须找到。最后，这家公司花了好几天时间，动用了公司上下几十人一起找，还算万幸，最终找到了安装光盘。

公司将事情始末向客户做了汇报，并保证类似事件不再发生。

在这个事件中，如果找不到这套光盘，那么问题的性质会非常严重，很难对客户交代。公司和客户的业务关系就此中断也不足为奇。个人可以有更替，但是组织不能掉以轻心，必须保管好客户的信息资产。

25.6 延伸学习：信息安全管理体系标准（ISO27001）

信息安全管理对每个企业或组织来说都是必要的，所以信息安全管理体系认证具有普遍的适用性，不受地域、产业类别和公司规模限制。ISO27001 是信息安全领域的管理体系认证标准，当组织通过了 ISO27001 的认证后，表示组织在信息安全管理方面，已经建立了一套科学有效的管理体系作为信息安全的保障。这个标准（ISO27001）可有效帮助企业保护信息资源，保护信息化进程健康、有序、可持续发展，保障企业各种信息的机密性、完整性和可用性。

第 **26** 章

事故原因深挖

在这一章里，我们通过对典型事件的事故原因深挖，来学习缺陷和事故原因分析和问题解决方法。

十几年前，由于对日软件服务外包事业在商业上取得了巨大的成功，日本企业有越来越多的项目发包到中国来做，中日之间基层人员往来非常频繁。但是人才育成严重滞后，导致开发一线不时出现各种各样意想不到的问题，考验着组织的管理智慧，同时也试探着客户的忍耐极限。

26.1 事件背景、经过和后果

某年 9 月，日本客户现场传来坏消息，北京 ABC 公司去日本出差的员工小陈违规操作，导致正在实时运行的日方客户公司的在线销售系统被迫中断了 20 分钟，影响了很多终端客户的实时交易，引起了客户极大的不满。

除了上述事件本身的严重性之外，客户最难以原谅的是，同年 8 月 ABC 公司日本分公司有一名员工在综合测试环境中操作不当，错误地删除了数据库中两个有用的数据列表，破坏了综合测试环境的完整性，还影响了其他项目组的测试进度。好在，综合测试环境是客户自行构筑的，出了这样的问题，还可以在客户内部得到比较迅速的解决。

8月份发生操作不当的员工是 ABC 公司日本分公司的员工。分公司向客户提交了一系列的反省报告和对策报告，终于得到了客户的认可。危机公关结束才刚刚过去三周，9月，类似问题又在日方客户公司的运行现场发生，真实系统运行中断导致众多用户交易失败，也给日方客户公司的终端客户造成了实际的损失，日本 X 株式会社对此极为不满。

★ 事件回放 ★

8月 ABC 日本分公司的员工误操作之后，日方客户公司也进行了一系列整改，他们把内部使用的综合测试环境放在了办公楼3层的综合测试室，把真实系统运行环境放在了办公楼5层的真实系统操作室。只有客户公司的资深工程师方可进入真实系统操作室，而 ABC 公司的员工，只能进入综合测试室做相关工作。

9月，系统已经投入使用。由于大型系统的复杂性，投入正式运行之后，仍然需要 ABC 公司员工进行新功能的追加开发和测试。

某日，北京 ABC 公司出差员工小陈和 ABC 日本分公司员工艾工程师在日方客户公司进行维护测试。他们正在5层的办公室里。

小陈：艾工，我现在需要去3层的综合测试环境工作。

艾工程师：你不用那么麻烦，还要跑到3层。就在5层用我这样的方法登录，就可以直接操作综合测试环境。

小陈：那太好了。我就不用下楼了。

但是，小陈操作途中出现了问题，正常的流程走不下去了，

小陈：艾工，好像出了点问题，系统不往下走了。

艾工程师：你重新启动系统，再来一遍即可。

小陈：系统提示，数据库正在运行，重新启动可能会使当前数据丢失。

艾工程师：这很正常，强行中止就可以重新启动。

小陈照办，正常运行的正式系统被强行中断了操作，日方客户公司的监控室立即发现了这个问题，紧急补救，系统还是中断了20分钟。

ABC 公司的艾工程师和小陈已经铸成大错。

26.2　原因深挖

事件的直接原因已经清楚了，就是我们的员工违规操作所致。发出错误指令的是 ABC 公司日本分公司员工艾工程师，执行错误指令的是北京 ABC 公司出差员工小陈。但是，他们为什么会这么做？这次事件属于严重事故，事故原因需要深究。

原因深挖的一般流程是这样的：相关当事人员聚集在一起开会，人数不要太多，少则 4～5 个，多则 7～8 个，具体人数不是重点，重点是无关的人太多，容易变成批斗会，影响深挖的效果，不利于找出根本原因。

会议内容首先是听取事件经过，确认事实。在事实确认无误之后，再一起挖掘引起这个错误的原因，原因也有各种，按照起因分为直接原因和根本原因。按照对事件的影响，又分为直接原因、诱发原因和根本原因。

找到直接原因，深挖根本原因，才是防止再次发生同样错误的有效手段。也正是因为如此，出问题后进行问题原因深挖已经成了组织的应对流程的一部分，这次事故在经过一系列原因深挖之后，还要上报日方客户公司的上级领导，直到对方接受为止。

为了达到深挖的目的，深挖活动的核心内容就是不断追问为什么？深挖活动的口号是：反复连续地询问 5 次为什么。当然，"5 次"是虚数，意思是深入追究，直到找出偶然的人为错误和深层的组织问题，反复追问是深挖的具体手段。

在这个事件中，直接出问题的人是出差员工小陈。首先，他违规登录；其次，在发生错误之时，他已经打开了太多的操作窗口，他忙中出错，没有确认清楚自己到底在操作哪个环境，误以为自己还是在操作综合测试环境。他原本打算强制关闭的是综合测试环境，结果被强制关闭的却是真实运行环境，这是引起事件的直接原因。

即便如此，他们仍有机会避免这个错误。错失这个机会，原因在于日本分公司员工艾工程师的疏忽。艾工程师作为小陈在日本出差期间的直属上级，在小陈不能正常中断系统，向他提问请教的时候，艾工程师没有亲自确认是怎么回事，就直接指示强制关机。这是导致事故最终发生的原因。也就是说，在这个环节，本来有机会防止错误的发生，但由于他们的疏忽，失去了改正错误的最后机会。

再来说根本原因，本来，在 8 月发生了类似问题之后，双方都做了检查和反省，采取的对策之一，就是把综合测试环境和真实运行环境在物理上分开，分别在办公楼的 3 层和 5 层，只要照章办事，就不会轻易出现这样的问题。但是，艾工程师无视上一次问题之后的对策，擅自让出差员工小陈通过曲线登录进入系统，又在发生问题时不仔细确认就指示小陈强行关机，铸成大错。从根本上讲，他的专业意识是不到位的。经验不足而且同样缺乏安全意识的出差员工小陈，也没有自觉遵守操作规程。

北京 ABC 公司的两名员工都违反了操作规则，说明根本原因在于组织。那么，组织是如何教育员工的呢？

26.3　深挖的结论

在日方客户公司看来，北京 ABC 公司作为组织在短短三周时间里，连续两次犯了同样性质的严重错误，给客户公司造成故障，给最终用户造成了损失。说到底，根本原因是组织的原因。

为什么这么说呢，仔细剖析一下可以看到，组织的错误有以下几层：

首先，北京 ABC 公司的出差员工没有吸取 8 月错误的教训，说明北京 ABC 公司在北京公司和日本分公司之间的内部信息共享不足。

其次，ABC 北京公司对一线员工的教育明显不足。

北京的员工去日本出差就交给日本分公司的同事管理，ABC 北京公司没有对出差员工进行严格有效的信息安全教育。

最后，根本原因是经营层不够重视，这才是组织的问题所在。北京 ABC

公司日本分公司本质上是一个人力资源派遣公司，经营模式决定了盈利模式，只要把人才派到客户现场，就可以为公司赚取利润，公司整体缺乏人才育成计划，对信息安全方面的教育和培训重视不足。

我们可以看到，引起错误的原因看起来是个人的、偶然的，经过深挖，就找到了组织的原因，事件的发生就成了必然的。在这样的内部管理下，发生问题只是迟早的事。公司的经营层和管理层需要改进和提高。

深挖的目的，不是要责怪当事者，而是为了牢记教训，让组织全体成员引以为戒，提高公司的管理水平和员工的意识水平，作为组织不再犯类似的错误。

26.4　事后处理

这一次，因为事情的性质严重，影响恶劣，惊动了高层，ABC 公司日本分公司的高层领导后来亲自去向日方客户道歉；基层员工也受到了震动和教育，信息安全意识得到了提高。北京 ABC 公司出差的员工也受到了教育，集团公司对这件事进行了原因深挖，制定了预防再发生同类问题的对策，改善了出差教育的内容。员工出差之前必须接受信息安全教育也成了公司的规则。

通过分析这个事件，我们了解了深挖的思想，其本质是要找到最终的人为错误。而任何看似偶然的人为错误，背后的根本原因往往在于组织。

问题原因深挖，是日本的一种企业文化。出了问题，层层深挖，找到根本原因，探讨防止再次发生同样错误的对策。最后横向展开，周知组织全员，让组织内不再犯同样的错误，这是组织应有的态度。所以说，问题深挖不是为了和某个员工过不去，而是为了让组织更加有效地防范风险、降低风险。

26.5　本章小结

　　问题原因深挖不是一件容易的事，组织和个人都需要养成深入思考的习惯，遇到问题，对事不对人，找到深层的组织原因，提出改进方法，完善组织流程，才是职场人应该采用的方法。一般来讲，问题的直接原因往往都是偶然的、个人的，但是，根本原因都是必然的、组织的，问题原因深挖就是要找出组织问题的症结所在，提高组织防范风险的能力，做到防患于未然。

───── 职 场 笔 记 ─────

第五篇　典型事例**研 究 篇**

因为工作关系，我经常关注日本经济类媒体的网站，除了看《日本经济新闻》，也常看该报社旗下的计算机类电子杂志。电子杂志的信息生动鲜活，除了新技术，新动向，交流和讲座情报之外，还有很多经典的失败案例信息分享。

在这一篇里，我选取了一个公开的经典失败案例，案例信息来自日本相关媒体的公开信息。我在这里把案例内容做了一个简单的梳理，希望对读者朋友能够有所帮助，大家可以体会一下偶然失误带给真实职场的惊心动魄。

第 **27** 章

经典案例：乌龙指引发金融海啸

2005 年 12 月 8 日，对东京证券交易所来讲，注定不是一个平凡的日子。

当天，东京证券交易所有一家名为 JCOM 的公司在中小板上市，日本瑞穗证券公司（以下简称瑞穗证券公司）的一名交易员，把客户的一单以 61 万日元卖掉 1 股的交易申请，误操作为以 1 日元卖掉 61 万股的交易，而该股票的实际发行总股本数是 1.45 万股，61 万股约为实际发行总股本数的 42 倍，这笔交易相当于低价卖出不存在的股票。

这个乌龙指虽然是偶然错误，但是交易员忽略了系统发出的警告信息，使得交易成立，又因为一连串深层的问题，导致瑞穗证券公司损失了 400 多亿日元，还引发了当天日本证券市场的一场金融海啸。此后，瑞穗证券公司把东京证券交易所告上法庭，旷日持久的索赔诉讼持续了 10 年才落下帷幕。这件事起因偶然，却影响深远。在这一章里，我们就来聚焦这件事。

27.1 事件回放

这天是一个星期四。当日，一家小型外包公司 JCOM 在东京证券交易所创业板（mothers）上市，其股票的发行价格是每股 67.2 万日元。发行总股本数为 1.45 万股，其中大部分为内部人员所持有，IPO 当日可以买卖的股票只有 3000 股。

当日上午 9:27，日本瑞穗证券公司一名交易员接到客户委托，以 61 万日元价格，卖出 JCOM 公司的股票 1 股。然而，由于交易员的误操作，交易指令变成了以 1 日元的价格售出 61 万股 JOM 公司股票。注意，这里股票的价格和股票的数量被交易员输入反了。由于当日的股票发行价是 67.2 万日元，以 1 日元的价格出售股票的交易指令被交易系统判定为不合理，交易系统给出了异常警告信息，但该交易员忽视了警告信息，继续执行操作。

当日上午 9:29，事发 1 分半钟后，该交易员的邻座同事注意到了错误，提醒了交易员，于是二人向交易系统发出了取消卖盘操作的指令，但尝试三次，均告失败，该操作无法被取消。事后查明这是交易系统本身的缺陷导致的。

与此同时，东京证券交易所的市场监视者致电瑞穗证券公司的相关管理人员，想确认是否发出了错误的交易指令，但是拨错了电话号码，没能立刻联络到瑞穗证券公司的相关人士。这时，基于东京证券交易所的跌停规则，JCOM 股票价格迅速跌至每股 57.2 万日元的跌停板价格。所以实际的交易价格并非每股 1 日元，而是在跌停板上。

当日上午 9:30，东京证券交易所的市场监视者再度致电瑞穗证券公司相关管理人员，这时候，瑞穗证券公司已经掌握了误发交易指令的事实，他们在东京证券交易所的终端机上，再次尝试取消交易，但是取消操作依然失败，交易无法被取消。如前文所提到的，这是交易系统本身的缺陷导致的。

当日上午 9:35，东京证券交易所的市场监视者和瑞穗证券公司相关管理人员再度取得了联系，瑞穗证券公司报告了取消操作失败的情况，请求东京证券交易所代为取消错误的交易指令，电话谈判了超过 2 分钟，但东京证券交易所的市场监视者表示瑞穗证券公司需要走流程按照相关的手续上报。东京证券交易所的这个处理方式，导致了一系列严重的后果。

与此同时，瑞穗证券公司的决策者决定采取反向操作，利用自有资金大量回购 JCOM 公司股票，目的是尽可能减少误操作带来的损失。当日上午 9:37，瑞穗证券公司成功地回购了 46.577 万股。瑞穗证券公司的危机管理是到位的，他们在此采用了反向操作来对冲风险。

当日上午，在乌龙指发生后短短十几分钟内，有些机构投资者意识到这个操作可能是乌龙指所致，随即开始投机性买入，JCOM 公司股票价格随之一路上扬，急剧反弹至 77.2 万日元的涨停板，这种趁火打劫的行为不仅导致瑞穗证券公司损失惨重，还引发了股票市场一片混乱。

当日 JCOM 公司的股价随后一直稳定在每股 77.2 万日元的涨停板，直至下午 15:00 休市。仅回购股票一项，瑞穗证券公司当日的损失就超过了 270 亿日元。尽管瑞穗证券公司成功回购了其中的近 47 万股，但仍有 9.6236 万股交易成功。这个数字大约是 JCOM 公司发行总股本数的 6.6 倍。所以，瑞穗证券公司无法在 T+3 结算日（2005 年 12 月 13 日），把这些按照交易规则成交的股票交付给那些买股票的投资者。

27.2 事件的处理办法

对于已经成交的 9.6236 万股的股票，东京证券交易所及相关机构研究决定，在交易结算完成之前（2005 年 12 月 13 日之前）的连续三个交易日，暂停 JCOM 公司的股票交易。如果继续交易，针对该股票的投机可能危及整个股票市场和结算体系的稳定。最终，日本证券清算机构以乌龙指事件发生前的股价为参考，将每股的价格定为 91.2 万日元，于 2005 年 12 月 13 日以现金方式成交。至此，乌龙指事件给瑞穗证券公司造成了 404 亿日元的直接损失。

27.3 事件的三个连锁反应

首先，JCOM 公司股价的急挫带动整个日本创业板股票市场股价出现集体暴跌。

其次，瑞穗证券公司隶属于瑞穗金融集团，按照资产规模计算，在日本证券市场有着举足轻重的地位。市场人士担心，瑞穗证券公司为弥补误操作带来的巨大损失，可能会大量抛售所持股票，为了避免损失，所以市场人士就抢先大量抛出瑞穗证券公司持有的同种类股票。

最后，在当天下午 3 点休市之前，许多投资者只是听说某证券公司出现操作失误将遭遇大规模亏损的传言，却并不知道具体是哪家公司，从而引发了对证券类股票的恐慌性抛售。这种恐慌情绪还波及其他金融类股票。

瑞穗证券公司交易员的乌龙指是偶然错误，但是交易员无视了警告信息，使得错误交易不可避免地成为现实。当瑞穗证券公司意识到误操作之后，他们采取的补救措施是正确的，如果东京证券交易所的交易系统没有缺陷，或者东京证券交易所及时披露真实信息，市场人士估算，瑞穗证券公司的乌龙指损失大约可以控制在 5~6 亿日元。

遗憾的是，东京证券交易所的交易系统有缺陷，使得取消交易的操作失败。再加上东京证券交易所的人员应急处理不够灵活，没有尽到职责，把瑞穗证券公司几乎推上绝路，不仅给瑞穗证券公司造成了 400 多亿日元的直接损失，还导致东京股票市场一片混乱。日经平均股价当日暴跌 301.3 日元，日跌落幅度为 1.95%，排名当年年度第三位。

27.4 事件中多家金融机构趁火打劫

事后查明，共有几十家金融机构在此次乌龙指事件中获利。很多机构投资者，特别是作为交易所会员的券商一开始便意识到了这笔巨额卖单可能存在错误。有些券商自觉停止买入该股票，如德意志证券等。但是，更多的券商却趁机在跌停价格附近抢购该股票，相关券商的这种投机性操作，导致这一误操作迅速演变成一起灾难性事故。趁火打劫的主要券商有瑞银集团、摩根士丹利、雷曼兄弟、日兴证券、瑞士信贷、野村证券这 6 家企业，这些券商在此次事件中共获利 168 亿日元，这个金额占瑞穗证券公司损失额的 40%以上。

当时执政的自民党强烈谴责这种利用市场缺陷获取不当利益的行为，并要求上述公司自动返还不当获取的利益。这些公司纷纷表示，愿意退还乌龙指事件所得，但是如果直接将获得利益返还给瑞穗证券公司，法律上相当于无偿赠予，公司可能会被股东和基金持有人提起违反董事及基金管理人责任的法律诉讼。

2006 年 2 月，经过相关各方多次磋商，最后想出了一个折中的办法，由日本证券业协会成立一个旨在保护证券市场安定的基金，命名为证券市场基盘整备基金，对证券业协会下属的 50 个会员公司征收超过 209 亿日元作为初始经费，这样一来，既可以让不当获利公司返还利益，又可以避免这些公司被公司股东和基金持有人追究反忠实义务的责任。

27.5　事件后的相关整改

1. 东京证券交易所整改

2005 年 12 月 14 日由日本金融服务厅发出整改命令，要求东京证券交易所于 2006 年 1 月 31 日前提出整改方案。2005 年 12 月 20 日，东京证券交易所总经理引咎辞职。

2. 瑞穗证券公司整改

2005 年 12 月 14 日，由外部法官律师审计师及学者担任核心成员的特别委员会对此次事件的原因展开调查并提出相关建议。2005 年 12 月 22 日，日本金融服务厅向瑞穗证券公司发出整改命令。

3. 其他相关整改

日本金融服务厅还要求各个证券公司对自身技术系统和内控制度进行全面自查。

27.6　相关方各自的问题

1. 东京证券交易所问题

（1）未能及时暂停问题交易

瑞穗证券公司表示，在其向交易所主机发出撤单申请时，这笔卖单只成交了不足 2000 股，如果撤单指令能够及时执行或者暂停，损失的金额约为 5～6

亿日元,而不是超过 400 亿日元。东京证券交易所明知超过发行总股本数倍的交易指令无法清算,仍不作为,表示要按照流程上报,没有采取必要措施。

（2）未能及时就相关问题进行信息披露

交易所本来应该把保护投资者利益作为核心原则,但是他们在此次交易中没有尽到义务。9:35 东京证券交易所就知道瑞穗证券公司提交了错误的交易委托,却没有立即披露此信息,也没有让瑞穗证券公司立即披露这一信息,而是在当天下午休市后,才向市场公布此消息。消息披露不及时,导致市场严重混乱,大量股票超跌,扰乱了市场秩序。

2. 瑞穗证券公司问题

（1）没有教育自己的员工

瑞穗证券公司从来没有明确告知自己员工,当终端画面出现警告信息时,应该如何处理,瑞穗证券的员工也没有阅读过交易终端的操作说明书。瑞穗证券公司没有尽到管理的职责。

（2）没有采用双重检验体制

东京证券交易所事先以书面的方式,要求所有证券公司,当系统终端出现警告画面时,必须由担任操盘手之外的交易员进行确认,但是瑞穗证券公司没有采用双重检验体制。瑞穗证券公司没有周知自己的交易员,可见内部管理没有到位。

3. 交易系统问题

（1）系统没有设置发行总股本数为交易股本数上限

在交易员出现偶然错误,把数量和单价输入错误后,交易数量已经远远超出市场上该股票的全部发行数量,系统设计没有设置发行总股本为交易股本数上限,没有能够阻止这样不合理的交易,说明系统本身有设计的缺陷。

（2）取消交易的指令不能正常执行

取消交易的指令不能正常执行,毫无疑问是证券交易系统的问题。这方面的问题是该系统开发商富士通公司设计开发测试过程中埋下的隐患,在这个特定情况下暴露了出来。

4. 对当事人的处理及对相关问题的认识

乌龙指虽说是偶然事件，但是，无视警告信息，给自家证券公司（即瑞穗证券公司）和市场（即东京证券交易所）造成巨大损失，交易员本人是有责任的。事实是，瑞穗证券公司事后也没有公布当事人的真实姓名，当事人似乎并没有受到太严厉的惩罚。他们倾向于人为，人为的偶然错误在所难免，组织的问题需要深挖。

组织（人）和系统（机器）本应帮助个人回避偶然错误，挽回不必要的损失，但是，在这次事件中，东京证券交易所的交易系统有设计和开发的缺陷，交易所的人员应急处理又过于死板，使得这两方面同时失守，最终使偶然错误酿成大祸。

综上所述，瑞穗证券公司的管理问题，东京证券交易所的交易系统问题，东京证券交易所人员应急处理问题，机构投资者趁火打劫问题，所有这些问题共同作用，成为引发黑色星期四的助力推手，这些深层次的问题更加迫切需要解决和改善。

27.7　旷日持久的赔偿诉讼

2016 年 10 月 27 日瑞穗证券公司把东京证券交易所和富士通公司告上了法庭，要求东京证券交易所承担 414 亿日元损失，其中 10 亿日元为诉讼费。富士通公司是东京证券交易所的开发商，他们开发的系统中隐藏的缺陷（即 bug），导致取消交易操作失败。

东京地方法院最终判定如下：

富士通公司的开发缺陷并不能算是重大过失，由富士通公司的开发缺陷导致的损失，富士通公司无须赔偿。

但是，在瑞穗证券公司电话联络东京证券交易所后，东京证券交易所未能履行中止异常交易的职责，属于重大过错方。另外，事情的直接起因是由于瑞穗证券公司交易员的乌龙指,所以瑞穗证券也不能完全免责。从电话联络那个时间点即 9:35 以后产生的损失,由东京证券交易所承担 70% 的损失,即 107 亿日元;瑞穗证券公司承担 30%。

瑞穗证券公司和东京证券交易所都对这个审判结果表示不满,上诉到东京最高法院。2015 年 9 月 3 日,东京最高法院驳回上诉,维持原判结果。长达近 10 年的诉讼终于尘埃落定。东京证券交易所赔偿瑞穗证券公司 107 亿日元,连同 10 年诉讼产生的利息共计 132 亿日元。

起初,东京证券交易所想把错误全部推在富士通公司身上。东京证券交易所主张:就算是交易系统的缺陷导致瑞穗证券公司的损失,那也是富士通公司的错。因为我们的系统需求里面,是明确规定了可以撤单的。富士通公司开发的程序没有符合我们的需求,才导致这样的结果。

对于东京证券交易所的这个主张,东京地方法院判定:证券交易系统的主要责任人是东京证券交易所。富士通公司只是东京证券交易所的开发供应商,属于连带责任人。无论是主要责任人还是连带责任人,如果被证明犯有重大过失,都应该做出赔偿。

那么,程序的缺陷算是"重大过失"吗?这很难说。一个系统里有没有隐藏的缺陷,是没法从理论上证明的。就算是测试再彻底,也会有测不到的缺陷。所以在法律上,通常不会把所有因为系统缺陷导致的损失都归罪给系统开发商的。

其实,另有信息显示,2002 年东京证券交易所在用户测试中发现,富士通公司开发的交易系统不能正常撤单即取消交易。随即东就证券交易所通知富士通公司修改相关程序,富士通公司也根据此需求对系统程序做了修改,但是没有修改彻底,埋下了危机的隐患。这个隐藏的缺陷成为这次偶然的乌龙指事件的帮凶,使得一个偶然的错误演变成一场证券市场的金融海啸。

这件事惊心动魄,影响深远持久,除了证券公司和金融机构,它也给我们这样的系统开发供应商带来很多警示。我们的工作看似平凡,可是一旦发生问题,会给客户公司甚至是相关的市场带来不可估量的损失。对于从事应用系统开发的工程师来说,系统应该如何设计、如何开发、如何测试、如何评审,都是系统开发过程中必须认真严肃对待的问题。

27.8   本章小结

从风险管理的角度看，瑞穗证券公司最初试图取消错发的交易指令，其实是想消灭风险源；取消交易指令失败以后，瑞穗证券公司采取反向操作，大量回购 JCOM 公司股票，实际上是采用了风险对冲的方法，旨在尽最大努力减少损失。结果证明，这一补救措施是有效的，毕竟瑞穗证券公司成功回购了大量错卖的股票，否则损失会更加惨重。

从 IT 项目管理的角度看，卖股票的指令在处理上有缺陷，说明系统在设计上存在明显的问题。首先，系统没有限制卖股票的最大数量不能超过该股票发行的总股本数，这是设计上最大的缺陷。其次，取消指令不能正常工作，经调查属于二次缺陷，这是开发商需要仔细追究的问题。虽然这一次开发商免于赔偿，但是未必每次都可以这么幸运。

从更加广义的角度看，人为的偶然错误在所难免，人不仅会犯偶然错误，还会无视警告信息，证券公司以及交易所的经营者和管理者，富士通公司的系统设计者和开发者，都需要更加了解人性的特点，才能更好地规避风险。至于券商的贪婪和投机，依然是人性的一方面。

突发事件对执行者及他所在的组织，都是一次严峻的考验。东京证券交易所在这次事件中，没能随机应变，妥善处理，有不可推卸的责任，暴露了自身的问题。

瑞穗证券公司没有尽到教育和告知的职责，交易员的岗位责任重大，既然作为组织他们认为人为的错误在所难免，为什么没有及早引入双重检查机制？为什么没有告知员工警告信息不能随意无视？

这是一个非常经典的案例，这件事有很多教训及很多可以借鉴之处，值得职场人特别是管理者深入学习和探讨。

后　记

　　本书的责任编辑张瑞喜老师是我在北京邮电大学的同学。2019 年夏季，我们在一起聊天，在分享了各自在职场上的一些经历之后，她忽然说，职场成长对年轻人很重要，建议我写一点东西。我对这个话题很感兴趣，于是根据自己在日本企业接受入职培训的内容，再结合自己的工作实践，写下了《打电话》和《换名片》两篇小短文，还录了两小段音频，放在张瑞喜老师的微信公众号《诗书风景》上，没想到很快收到了同学和朋友们的积极反馈，大家热情洋溢地给了我们很多很好的意见和建议。

　　后来，张瑞喜老师建议我写一本书。当时我觉得写书有点难，我是职业经理人，我的专业知识主要集中在 IT 领域的项目管理，我觉得这是比较小众的主题，专业性很强。

　　张瑞喜老师却说，我从一名普通员工一路走过来，成长为一名日资企业的高层管理者，一定有很多成长的经验可以分享给年轻人，她鼓励我写出自己的特色。

　　我想我的特色应该是在日本生活和工作的经历，以及在日系企业工作的经验吧。

　　我们不断讨论和沟通，提纲几易其稿。在不断整理提纲和写作思路的过程中，我也不断听取朋友、家人，以及周围的年轻人的意见，最后，我们的主题，落在职场深度修炼上。我希望结合自己从日本企业文化中学习到的经验，梳理出一些超越具体职业领域的共通的东西，更好地帮助广大职场人，特别是职场新人成长。经过一年多的努力，最终写成这样一本小书。

　　写作的过程是一个疏理的过程，在这个过程中，我自己也得到了锻炼和提高。

　　在本书的写作过程中，得到了中国人民大学商学院院长毛基业先生的很多指导和帮助，令我受益匪浅，终生难忘，特在此表示由衷的感谢。

　　借此机会，我还要感谢北京邮电大学校友唐蔚云女士，北京师大二附中校友姜耀宁女士、陈鹏飞先生、刘新先生，还有前同事、友人史敏先生，感谢你们给我分享的宝贵经历和素材。

　　很多时候我们都是在失败中成长，如果我写的东西能够对读者朋友们起到一点参考的作用，我就非常开心了。

马恒春

2020 年 11 月于北京